इलेक्ट्रीशियन प्रथम वर्ष हिंदी MCQ

मनोज डोळे

डिजिटाइजेशन समय की मांग है। भविष्य में, प्रशिक्षण को अधिक सुविधाजनक और आसान बनाने के लिए ऑनलाइन इंटरनेट का उपयोग करके औद्योगिक प्रशिक्षण संस्थानों में प्रशिक्षण आयोजित करने की आवश्यकता होगी। एमसीक्यू प्रश्नों के एक सेट वाली ई-पुस्तकें प्रशिक्षुओं को उपलब्ध कराई जाएंगी क्योंकि उन्हें अपने औद्योगिक प्रशिक्षण संस्थानों में होने वाली ऑनलाइन परीक्षाओं की तैयारी के लिए बहुविकल्पीय प्रश्नों एमसीक्यू के अधिक आदी होने की आवश्यकता है।

इन सब बातों को ध्यान में रखते हुए औद्योगिक प्रशिक्षण संस्थान सतारा के प्रशिक्षक श्री मनोज मधुकर डोले ने नई वार्षिक प्रणाली और एनएसक्यूएफ-5 पाठ्यक्रम के अनुसार पुस्तकें लिखी हैं। और उन्होंने प्रशिक्षण को आसान बनाने के लिए सैद्धांतिक मोबाइल ऐप और ब्लॉग बनाए हैं, और इन सभी शैक्षिक सामग्री को विश्व प्रसिद्ध वेबसाइटों Google Play Store, Amazon और Apple Book Store पर डाउनलोड के लिए उपलब्ध कराया है।

पुस्तकों का प्रकाशन माननीय सहसंचालक श्री राजेंद्र घुमे साहेब प्रादेशिक व्यावसायिक शिक्षण व प्रशिक्षण कार्यालय, पुणे द्वारा दिनांक 9/1/2019 को किया गया, इस समय श्री प्रकाश सहगवकर साहब प्राचार्य शासकीय औद्योगिक प्रशिक्षण संस्थान औंध पुणे, श्री तुकाराम मिसाल साहेब प्राचार्य सरकार प्र. संस्था सतारा, श्री सचिन धूमल साहब जिला व्यावसायिक शिक्षा एवं प्रशिक्षण अधिकारी सतारा, श्री यतिन परगांवकर साहब प्राचार्य शासन. Q. संस्था कोल्हापुर, श्री विकास टेक साहब इंस्पेक्टर वोकेशनल एजुकेशन एंड ट्रेनिंग रीजनल ऑफिस पुणे, पालेकर फूड्स प्रोडक्ट्स प्रा. लि. सतारा के उद्यमी अध्यक्ष श्री नीलकंठराव पालेकर साहब, हीरा फूड्स के अध्यक्ष श्री इब्राहिम बाबा तंबोली साहब, श्रीमती शाल्मली पवार मुख्याध्यापिका शासकीय तकनीकी विद्यालय केंद्र सतारा सहित अन्य गणमान्य व्यक्ति इस अवसर पर उपस्थित थे।

क्रम-सूची

प्रस्तावना

इलेक्ट्रीशियन प्रथम वर्षहिंदी MCQ आईटीआई इंजीनियरिंग कोर्स इलेक्ट्रीशियन प्रथम वर्ष के लिए एक सरल पुस्तक है, 2022 में एनएसक्यूएफ पाठ्यक्रम , इसमें रेखांकित और बोल्ड सही उत्तरों के साथ वस्तुनिष्ठ प्रश्न शामिल हैं, जिसमें सुरक्षा और पर्यावरण, अग्निशामकों के उपयोग, कृत्रिम सहित सभी विषयों को शामिल किया गया है। शुरू करने के लिए श्वसन पुनर्जीवन। उन्हें व्यापार उपकरण और इसके मानकीकरण का विचार मिलता है, विभिन्न प्रकार के कंडक्टरों, केबलों और उनकी स्किनिंग और संयुक्त बनाने की पहचान करता है। किरचॉफ के नियम, ओम के नियम, प्रतिरोध के नियम और विद्‍युत परिपथ के विभिन्न संयोजनों में उनके अनुप्रयोग जैसे बुनियादी विद्‍युत कानूनों का चुंबकत्व के नियमों के साथ अभ्यास किया जाता है। प्रशिक्षु 3 वायर/4 वायर संतुलित और असंतुलित भार के लिए सिंगल फेज और पॉली-फेज सर्किट के लिए सर्किट पर अभ्यास करता है। प्रचालन और अनुरक्षण के लिए विभिन्न प्रकार और कक्षों के संयोजन पर कौशल अभ्यास किया जा रहा है। छात्रावास/आवासीय भवन, कार्यशाला के लिए आईई नियमों के अनुसार आईसीडीपी स्विच, वितरण फ्यूज बॉक्स और माउंटिंग ऊर्जा मीटर जैसे विभिन्न सामानों की स्थापना के साथ तारों का अभ्यास किया जाता है और इसकी गलती का पता लगाने का काम प्रशिक्षु द्‍वारा किया जाता है। प्रशिक्षु पाइप और प्लेट अर्थिंग के लिए अभ्यास करेगा। विभिन्न प्रकार की लाइट फिटिंग की जानी है जैसे एचपी/एलपी पारा वाष्प और सोडियम वाष्प प्रमुख हैं। प्रशिक्षु विभिन्न प्रकार के माप उपकरणों जैसे मल्टीमीटर, वाटमीटर, एनर्जी मीटर, फेज सीक्वेंस मीटर, फ्रीक्वेंसी मीटर, सिंगल और थ्री फेज सर्किट में विद्‍युत मापदंडों के मापन के लिए अभ्यास करेंगे। वह मीटर के रेंज विस्तार, अंशांकन और परीक्षण पर कौशल हासिल करेगा। हीटिंग एलीमेंट उपकरण, इंडक्शन हीटिंग के निराकरण, संयोजन और परीक्षण के लिए अभ्यास

उपकरण, पीसने की मशीन और वाशिंग मशीन प्रशिक्षु द्‍वारा किया जाएगा। ट्रांसफॉर्मर पर ऑपरेशन, दक्षता, सीरीज पैरेलल ऑपरेशन, ट्रांसफॉर्मर ऑयल के प्रतिस्थापन और 3 फेज ऑपरेशन के लिए सिंगल-फेज ट्रांसफार्मर के संयोजन के लिए कौशल प्राप्त किया जाएगा। प्रशिक्षु छोटे ट्रांसफॉर्मर की वाइंडिंग और बहुत कुछ पर अभ्यास करेगा।

हम प्रत्येक नए संस्करण के साथ नए प्रश्न उत्तर जोड़ते हैं। किसी भी त्रुटि/चूक के मामले में कृपया हमें ईमेल करें। यह यकीनन सभी इंजीनियरिंग बहुविकल्पीय प्रश्नों और उत्तरों के लिए सबसे बड़ी और सर्वश्रेष्ठ पुस्तक है।

एक छात्र के रूप में आप इसे अपनी परीक्षा की तैयारी के लिए उपयोग कर सकते हैं। यह ई-पुस्तक प्रोफेसरों के लिए सामग्री को ताज़ा करने के लिए भी उपयोगी है।

भूमिका

डीजीईटी नई दिल्ली और सीएसटीएआरआई कोलकाता अगस्त 2018 सत्र से आईटीआई में सभी व्यवसायों के लिए एक वार्षिक पैटर्न लागू कर रहे हैं। परीक्षा प्रणाली में भी बदलाव किया जाएगा और यह इस साल से ऑनलाइन हो जाएगी और चूंकि सभी प्रश्न वस्तुनिष्ठ प्रकार (एमसीक्यू) के हैं, इसलिए प्रशिक्षुओं को गहन अध्ययन की सख्त जरूरत है। इसे ध्यान में रखते हुए हमें पुराने NIMI पैटर्न पर आधारित पुस्तकें और नए वार्षिक पैटर्न का संपूर्ण अवलोकन प्रस्तुत करते हुए प्रसन्नता हो रही है, और हम आशा करते हैं कि ये पुस्तकें सभी व्यावसायिक निदेशकों और प्रशिक्षुओं के लिए एक मार्गदर्शक होंगी। है।

इन पुस्तकों को लिखने के लिए आईटीआई अकलुज के प्राचार्य जोहर अवाटे साहब ने कहा। आईटीआई सतारा सहगवकर साहब के पूर्व प्राचार्य, सहायक निदेशक श्री चंद्रकांत ढेकने साहेब क्षेत्रीय व्यावसायिक शिक्षा एवं प्रशिक्षण कार्यालय, पुणे, जिला व्यावसायिक शिक्षा एवं प्रशिक्षण अधिकारी सचिन धूमल साहेब एवं प्रधानाध्यापक शासकीय तकनीकी विद्यालय केन्द्र शाल्मली पवार मैडम एवं पुत्र अधिराज डोले, माता कुसुम डोले , मैं अपने पिता मधुकर डोले और पत्नी अश्विनी डोले को समय-समय पर उनके विशेष मार्गदर्शन और सहयोग के लिए बहुत आभारी हूं।

साथ ही, बहुत ही कम समय में श्री राजेन्द्र घुमे साहेब, संयुक्त निदेशक, व्यावसायिक शिक्षा और प्रशिक्षण क्षेत्रीय कार्यालय, पुणे द्वारा पुस्तक के प्रकाशन में उनके अमूल्य समय के लिए पुस्तक की समीक्षा की गई। मैं उनकी प्रतिक्रिया के लिए हृदय से आभारी हूँ।

पुस्तक लिखने की शुरुआत से ही निरंतर समर्थन के लिए मैं आईटीआई सतारा के प्रशिक्षक का आभारी हूं।

इस पुस्तक से, मैं खुद को धन्य मानता हूं कि मैंने आपके साथ ई-लर्निंग पर अपने विचार साझा किए। मैं यह दावा नहीं करूंगा कि यह पुस्तक पूर्ण है, क्योंकि पूर्णता को देखते हुए यह पुस्तक एक प्रयास है और अपनी शैशवावस्था में है। यदि उनका परीक्षण और सुझाव दिया जाए तो वे सुधार के लिए मूल्यवान होंगे।

मनोज डोले

दिनांक 9/1/2019

पावती (स्वीकृति)

21वीं सदी में औद्योगिक क्षेत्र में तेजी से बढ़ती मांग के अनुरूप बहु-कुशल कारीगरों की आपूर्ति के लिए व्यावसायिक शिक्षा और प्रशिक्षण विभाग के माध्यम से व्यावसायिक शिक्षा और प्रशिक्षण विभाग के माध्यम से व्यावसायिक शिक्षा और प्रशिक्षण प्रदान किया जाता है। संस्थानों के भीतर सभी व्यवसाय महत्वपूर्ण हैं, क्योंकि इन व्यवसायों के प्रशिक्षु उद्योग की मांगों के अनुसार बहु-कौशल विकसित करते हैं।

सभी व्यवसायों के लिए उपयुक्त एमसीक्यू ई-पुस्तकें उपलब्ध कराने के नेक इरादे से, यह देखते हुए कि औद्योगिक क्षेत्र के सभी उद्योगों में सभी परीक्षाएं ऑनलाइन आयोजित की जाती हैं और इसमें एमसीक्यू पद्धति के प्रश्न शामिल होते हैं। श्री मनोज मधुकर डोले ने नए वार्षिक पाठ्यक्रम के अनुसार एमसीक्यू पद्धति पर एक बहुत अच्छी ई-बुक लिखी है। यह ई-पुस्तक निश्चित रूप से सभी प्रशिक्षुओं, प्रशिक्षु उम्मीदवारों, प्रशिक्षण प्रशिक्षकों और अन्य संबंधितों के लिए एक मार्गदर्शक होगी।

पुस्तक के लेखक श्री मनोज मधुकर डोले, इंस्ट्रक्टर गॉव आईटीआई सतारा को 17 साल का प्रशिक्षण अनुभव है। एक नए वार्षिक पैटर्न के रूप में लिखी गई, यह ई-बुक प्रत्येक विषय के लिए लेआउट, सरल भाषा और सरल सिंटैक्स, आरेख और वीडियो को समझने के लिए आधुनिक डिजिटल क्यूआर कोड तकनीक को शामिल करती है। इसलिए मुझे विश्वास है कि यह ई-पुस्तक निश्चित रूप से गहन अध्ययन और परीक्षा अभ्यास के लिए उपयोगी होगी। उन्होंने जो कार्य किया है वह निश्चित रूप से काबिले तारीफ है।

श्री तुकाराम मिसाल
प्राचार्य शासकीय औद्योगिक प्रशिक्षण संस्था सातारा.

आमुख

हमारे औद्योगिक प्रशिक्षण संस्थानों की औद्योगिक प्रशिक्षण और सैद्धांतिक परीक्षा प्रणाली और इन परिवर्तनों को शिल्प प्रशिक्षकों और प्रशिक्षुओं द्वारा स्वीकार किया गया है। आपके औद्योगिक प्रशिक्षण संस्थानों में आयोजित सैद्धांतिक परीक्षाएं भी ऑनलाइन आयोजित की जाती हैं। चूंकि ये परीक्षाएं बहुविकल्पीय एमसीक्यू पद्धति की हैं, इसलिए प्रशिक्षुओं को ऐसे प्रश्नों का अधिक अभ्यास करने की आवश्यकता होगी।

इन सब बातों को ध्यान में रखते हुए श्री मनोज मधुकर, निदेशक, डोले क्राफ्ट्स, कटारी औद्योगिक प्रशिक्षण संस्थान, सतारा, ने नई वार्षिक प्रणाली और NSQF-5 के अनुसार, गहन अध्ययन किया है और अपनी मेहनत से और अपनी गहरी बुद्धि को जोड़ा है। पाठ्यक्रम, कटारी और अन्य मशीन ट्रेडों की ई-बुक। -बुक) और उन्होंने प्रशिक्षण को आसान बनाने के लिए सैद्धांतिक विषयों पर मोबाइल ऐप और ब्लॉग बनाए हैं और इन सभी शैक्षिक सामग्री को विश्व प्रसिद्ध वेबसाइटों Google Play Store, Amazon और Apple Book Store पर डाउनलोड के लिए उपलब्ध कराया है। प्रिंट संस्करण बनाकर और क्यूआर कोड जैसी उन्नत तकनीकों का उपयोग करके प्रशिक्षण को आसान बना दिया गया है।

ये सभी शैक्षिक सामग्री निश्चित रूप से सभी प्रशिक्षुओं के लिए गहन अध्ययन के लिए और शिल्प प्रशिक्षकों और अन्य संबंधितों के लिए एक मार्गदर्शक होगी जो व्यावसायिक प्रशिक्षण प्रदान कर रहे हैं।

1

इलेक्ट्रीशियन प्रथम वर्ष QR Code Images

Download App
Online Test Exam
ITI Books
AutoCAD CAM
JOB & Apprentice
Online Theory
Computer Course
Trading Course
CNC Course
MSCIT Course
Shopping Business
Internet Business
Web Designing
Online Services
Top Sportsmans
Indian Army
Freedom Fighters
Top Scientists
Social Reformers
Motivational Speaker
Top Richest People
Join WhatsApp Group
Join Facebook Group
Like Facebook Page
PAN / Adhar / Licence Passport

ITI Book MCQ - Manoj Dole
www.itibook.com
SAFETY FIRST
www.itigov.blogspot.com www.jobapprentices.blogspot.com www.ititests.blogspot.com
www.itibook.com

3 ITI Book MCQ - Manoj Dole
www.itibook.com
Hacksaw frame
Universal surface guage
Hammer
www.itigov.blogspot.com www.jobapprentices.blogspot.com www.ititests.blogspot.com
www.itibook.com

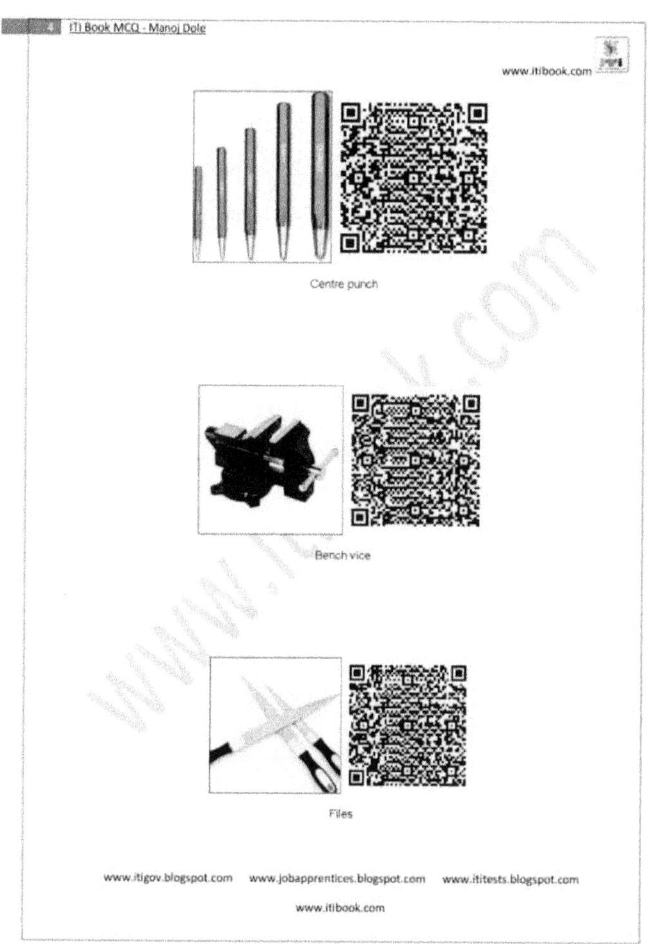
4 ITI Book MCQ - Manoj Dole
www.itibook.com
Centre punch
Bench vice
Files
www.itigov.blogspot.com www.jobapprentices.blogspot.com www.ititests.blogspot.com
www.itibook.com

7 ITI Book MCQ - Manoj Dole
www.itibook.com
Vernier bevel protractor
www.itigov.blogspot.com www.jobapprentices.blogspot.com www.ititests.blogspot.com
www.itibook.com

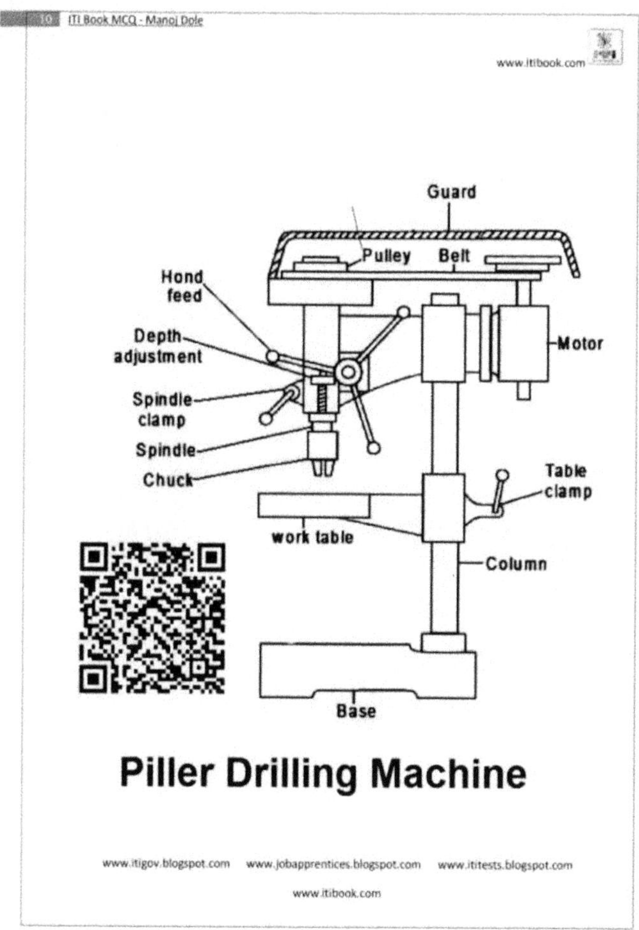
10 ITI Book MCQ - Manoj Dole
www.itibook.com
Guard
Pulley
Belt
Hond feed
Depth adjustment
Motor
Spindle clamp
Spindle
Chuck
Table clamp
work table
Column
Base
Piller Drilling Machine
www.itigov.blogspot.com www.jobapprentices.blogspot.com www.ititests.blogspot.com
www.itibook.com

14
ITI Book MCQ - Manoj Dole
www.itibook.com
battery
capacitor
cell
dynamometer
electromagnet
heater
inductance
magnet
www.itigov.blogspot.com
www.jobapprentices.blogspot.com
www.ititests.blogspot.com
www.itibook.com

15 ITI Book MCQ - Manoj Dole
www.itibook.com
megger
motor
multimeter
ohmmeter
resistores
star connected alternator
voltmeter ammeter
wattmeter
www.itigov.blogspot.com
www.jobapprentices.blogspot.com
www.ititests.blogspot.com
www.itibook.com

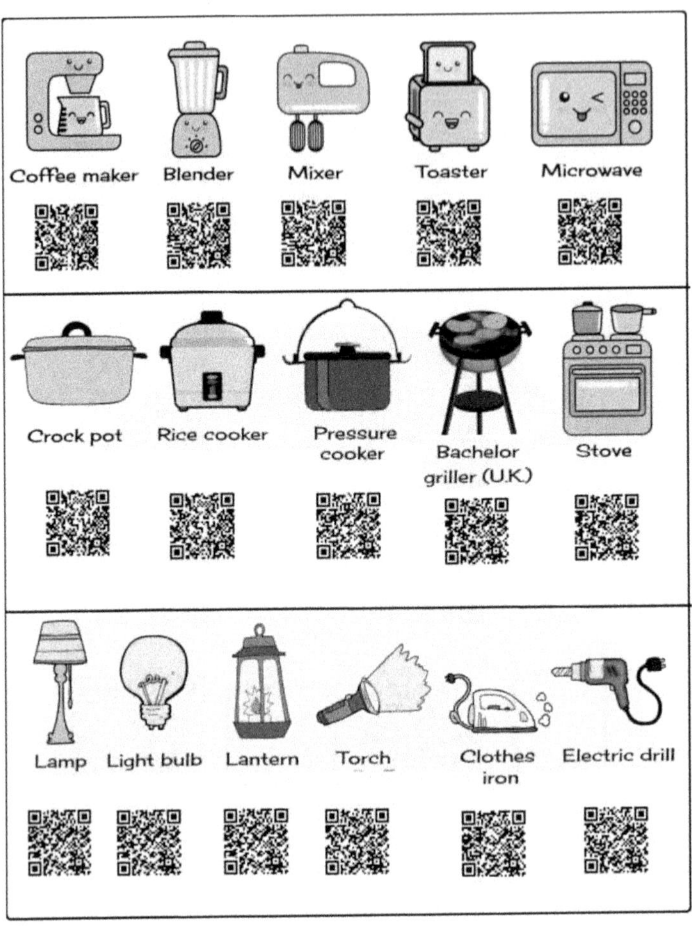
Coffee maker
Blender
Mixer
Toaster
Microwave
Crock pot
Rice cooker
Pressure cooker
Bachelor griller (U.K.)
Stove
Lamp
Light bulb
Lantern
Torch
Clothes iron
Electric drill

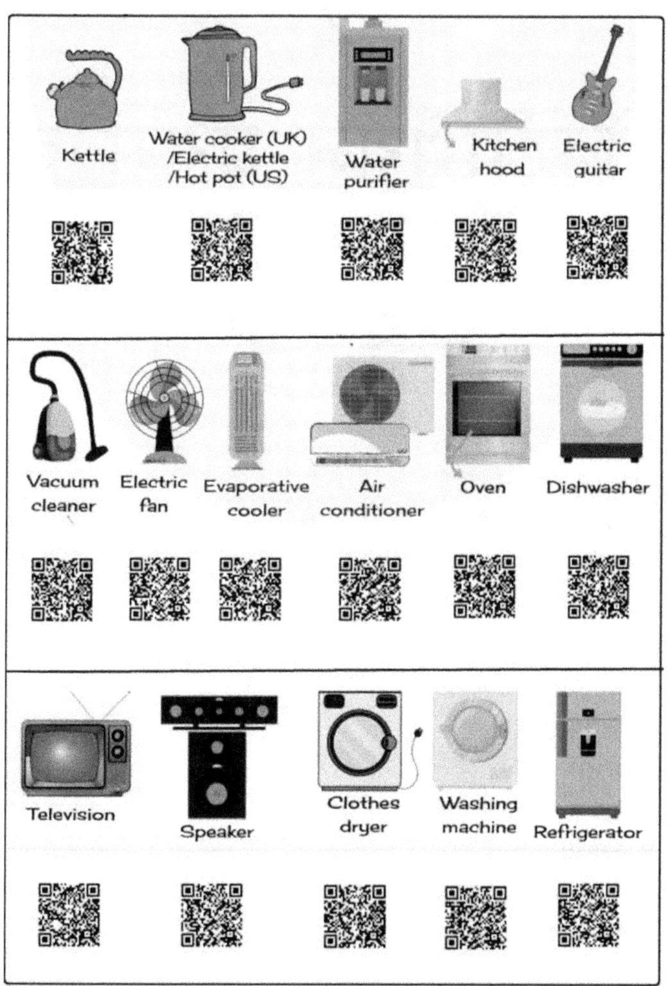
Kettle
Water cooker (UK)
/Electric kettle
/Hot pot (US)
Water
purifier
Kitchen
hood
Electric
guitar
Vacuum
cleaner
Electric
fan
Evaporative
cooler
Air
conditioner
Oven
Dishwasher
Television
Speaker
Clothes
dryer
Washing
machine
Refrigerator

2

इलेक्ट्रीशियन प्रथम वर्ष हिंदी MCQ

01] रक्तस्राव के मामले में, उपचार करें .

डी] ठंडा 3" और आराम

<u>ए] ठंडेपानीकाछिड़कावकरें</u>

बी] तुरंत पट्टी -----

बी] दुर्घटना विचार उपचार के बारे में पूछताछ

02] दुर्घटना की स्थिति में पीड़ित को

ए] आराम करने के लिए कहा

<u>सी] तुरंतभागलिया</u>

डी] उसे छोड़ दो

03] प्राथमिक रूप से घायल या बीमार व्यक्ति को प्राथमिक उपचार दिया जाता है

ए] जीवन बचाओ

बी] मफ की और गिरावट को रोकें

सी] सर्वोत्तम संभव आराम दें

<u>डी] येसभी</u>

04] बेकार कागज को अलग करने के लिए डिब्बे का रंग कोड है -----

<u>ए] नीलारंग</u>

बी] पीला रंग

सी] लाल रंग

डी] हरा रंग

05] जापानी में Seiko का अर्थ -------------- होता है

<u>ए] शाइन</u>

बी] क्रमबद्ध करें

सी] मानकीकरण

डी] सस्टेनेबल

06] एसएस प्रणाली का लाभ है ------

ए] उत्पादकता में वृद्धि

बी] गुणवत्ता में वृद्धि

सी] समय की बर्बादी में कमी

<u>डी] येसभी</u>

07] सुरक्षा है -----------

ए] किसी का व्यवसाय नहीं

<u>बी] हरबॉडीबिजनेस</u>

सी] कुछ निकायों का व्यवसाय

डी] संगठन व्यवसाय

08] सुरक्षा संकेतों की बुनियादी श्रेणियों के लिए उपलब्ध हैं "निषेध" चिह्न का अर्थ ----

<u>ए] दिखाताहैकियहनहींकियाजानाचाहिए</u>

बी] दिखाता है कि क्या किया जाना चाहिए

सी] खतरे या खतरे की चेतावनी देता है

डी] सुरक्षा प्रावधान की जानकारी देता है

09] कौन सी वर्कशॉप सेफ्टी है?

<u>ए] दुकानकेफर्शकोसाफऔरग्रीस, तेलयाअन्यफिसलनसामग्रीसेमुक्तरखें</u>

बी] गति बदलने से पहले मशीन बंद करो

सी] फटे या चिपके हुए औजारों का प्रयोग न करें

D] चल रही मशीन को हाथ से रोकने की कोशिश न करें

10] पर्सनल प्रोटेक्ट इक्विपमेंट (PPE) में HELMET का उपयोग किया जाता है

<u>ए] सिरकीरक्षाकरें</u>

बी] आंखों की रक्षा करें

सी] हाथों की रक्षा करें

डी] कानों की रक्षा करें

11] निम्नलिखित में से कौन सामान्य सुरक्षा से संबंधित है?

A एक कार्यकर्ता को अच्छे व्यवहार में रखें

बी] काम साफ और स्पष्ट

सी] अपने काम पर ध्यान लगाओ

<u>डी] फर्शऔरगैंगवेकोसाफऔरसाफरखें</u>

12] पीसते समय आंखों की रक्षा के लिए किसका प्रयोग किया जाता है?

ए] गहरा हरा कांच

बी] मुखौटा

सी] धूप का चश्मा

<u>डी] सुरक्षाचश्मा</u>

13] मशीन सुरक्षा के लिए निम्नलिखित में से क्या किया जाता है?

<u>ए] मशीनशुरूकरनेसेपहलेतेलकेस्तरकीजांचकरें</u>

बी] चीजों को व्यवस्थित तरीके से करें

सी] फर्श और गैंगवे को साफ और साफ रखें

डी] डाई और स्कार्फ का प्रयोग न करें

14] पर्सनल प्रोटेक्ट इक्विपमेंट (पीपीई), 'स्लीव्स' का इस्तेमाल ---------- की सुरक्षा के लिए किया जाता है

एक चेहरा

बी] आंखें

सी] कान

<u>डी] हाथ</u>

15] एबीसी का मतलब --------------

ए] स्वचालित श्वास नियंत्रण

बी] स्वचालित रक्त नियंत्रण

<u>सी] वायुमार्गश्वासपरिसंचरण</u>

डी] स्वचालित रक्त परिसंचरण

04] आग और आग बुझाने वाले

16] "कक्षा बी" की आग को बुझाने के लिए किस प्रकार के अग्निशामक यंत्र का प्रयोग किया जाता है?

<u>ए] शुष्कशक्ति</u>

बी] कार्बन डाइऑक्साइड

सी] पानी की जेट

डी] फोम प्रकार

17] सामान्य आग को बुझाने के लिए किस प्रकार के अग्निशामक यंत्र का उपयोग किया जाता है?

<u>ए] जलप्रकारबुझानेवाला</u>

बी] फोम प्रकार बुझाने वाला

सी] शुष्क रासायनिक पाउडर एक्सटिंगुइशर

डी] कार्बन डाइऑक्साइड (C02] बुझाने वाला)

18] एक माइक्रोमीटर (यू) बराबर है

ए] 01 मिमी

बी] 001 मिमी

सी] <u>0001 मिमी</u>

डी] 00001 मिमी

19] एक स्लॉट की चौड़ाई को मापने के लिए कैलिपर होता है

ए] अजीब पैर कैलिपर

बी] बाहरी कैलिपर

सी] जेनी कैलिपर

डी] <u>कैलिपरकेअंदर</u>

20] डिवाइडर का आकार ----------- द्वारा निर्दिष्ट किया जाता है

ए] पैरों की कुल लंबाई

बी] पूरी तरह से खुलने पर बिंदुओं के बीच की दूरी

सी] बिना बिंदुओं के पैरों की लंबाई

<u>डी] धुरीऔरबिंदुकेबीचकीदूरी</u>

21] डेटम किनारे के समानांतर समानांतर रेखाओं को चिह्नित करने के लिए इस्तेमाल किया जाने वाला उपकरण है -

<u>ए] जेनीकैलिपर</u>

बी] डिवाइडर

सी] बाहरी कैलिपर

डी] कैलिपर के अंदर

22] निम्नलिखित में से कौन सा एक अप्रत्यक्ष माप उपकरण है?

<u>ए] बाहरीकैलिपर</u>

बी] वर्नियर कैलिपर

सी] स्टील नियम

डी] बाहरी माइक्रोमीटर

23] पतली टयूबिंग काटने के लिए, हैक्सॉ ब्लेड की सबसे उपयुक्त पिच है

ए] 18 मिमी

बी] 14 मिमी

सी] 1 मिमी

डी] <u>08 मिमी</u>

24] ठोस पीतल काटने के लिए, हैकसॉ ब्लेड की सबसे उपयुक्त पिच है

ए] <u>18 मिमी</u>

बी] 14 मिमी

सी] 1 मिमी

डी] 08 मिमी

25] कुछ स्ट्रोक के बाद एक नया हैक्सॉ ब्लेड किसके कारण ढीला हो जाता है?

ए] <u>ब्लेडकाखिंचाव</u>

बी] विंग-अखरोट के धागे खराब हो रहे हैं

सी] ब्लेड की गलत पिच

डी] आरी के सेट का अनुचित चयन

26] छोटे व्यास के पाइपों को काटते समय यह सलाह दी जाती है कि नियमित रूप से देखें और सुनिश्चित करें कि

ए] कट घुमावदार रेखा के साथ है

बी] <u>अधिकदेखादांतअनुबंधमेंहैं</u>

सी] काम ज़्यादा गरम नहीं है

डी] हैकसॉ का उचित संतुलन बनाए रखा जाता है

27] वाइस क्लैंप का उपयोग किया जाता है

ए] कठोर जबड़े की रक्षा करें

बी] काम के टुकड़ों को सख्ती से जकड़ें

सी] <u>तैयारसतहोंकीरक्षाकरें</u>

डी] जंगम जबड़े को दाखिल होने से रोकें

28] अंकन के दौरान संदर्भ सतह किसके द्वारा प्रदान की जाती है?

ए] भूतल गेज

बी] वर्कपीस

सी] काम का चित्रण

डी] <u>तालिकाकीसतहकोचिह्नितकरना</u>

29] एक इंजीनियर के वाइस का आकार द्वारा निर्दिष्ट किया जाता है

ए] जंगम जबड़े की लंबाई

बी] <u>जबड़ेकीचौड़ाई</u>

सी] वाइस की ऊंचाई

D] जबड़ों का अधिकतम खुलना

30] यूनिवर्सल सरफेस गेज का वह भाग जो एक डेटम एज के साथ समानांतर रेखा खींचने में मदद करता है, वह है

ए] रॉकर आर्म

बी] सुखद

सी] ठीक समायोजन पेंच

डी] <u>गाइडपिन</u>

31] स्क्राइबर से बने होते हैं

ए] माइल्ड स्टील

बी] <u>उच्चकार्बनस्टील</u>

सी] पीतल

डी] कच्चा लोहा

32] हथौड़े का वह भाग जो हथौड़े को ठीक करने के लिए प्रयोग किया जाता है

एक चेहरा

बी] पीन

सी] गाल

डी] <u>आँखकाछेद</u>

33] अंकन के उद्देश्य के लिए हथौड़े का वजन है

ए] <u>250g</u>

बी] 500g

सी] 1 किलो

डी] 2 किग्रा

34] डिवाइडर का आकार द्वारा निर्दिष्ट किया जाता है

ए] पैरों की कुल लंबाई

बी] पूरी तरह से खुलने पर बिंदुओं के बीच की दूरी

सी] बिंदुओं के बिना पैरों की लंबाई

डी] <u>धुरीऔरबिंदुकेबीचकीदूरी</u>

35] 'वी' ब्लॉक के खांचे का सम्मिलित कोण हमेशा होता है

ए] 45◦

बी] 60◦

सी] 90◦

डी] <u>120◦</u>

36] 'वी' ब्लॉक के ग्रेड में उपलब्ध हैं

ए] <u>एऔरबी</u>

बी] ए, बी और सी

सी] 1,2 और 3

डी] 1 और 2

37] ग्रेड 'बी' के 'वी' ब्लॉक के बने होते हैं

ए] <u>कच्चालोहा</u>

बी] हल्के स्टील

सी] स्टील

डी] कास्ट स्टील

38] केंद्र का पता लगाने के लिए इस्तेमाल किए जाने वाले पंच का नाम बताएं

A] प्रिक पंच 30°

B] प्रिक पंच 60°

सी] केंद्रपंच

डी] डॉट पंच

39] सेंटर पंच का पॉइंट एंगल -------- होता है

ए] 30 डिग्री

बी] 50 डिग्री

सी] 900

डी] 1200

40] पंचों का उपयोग किसी भी आकार के ---------- बनाने के लिए किया जाता है

ए] छेद

बी] खनन

सी] नूरलिंग

सपना देखना

41] आम तौर पर वाइस के हैंडल की लंबाई ---------- होती है

ए] वाइस के सामान्य आकार का 15 गुना

बी] वाइसकेसामान्यआकारका 25 गुना

सी] वाइस के सामान्य आकार का 35 गुना

डी] वाइस के सामान्य आकार का 45 गुना

42] बेंच वाइस स्पिंडल का बना होता है

ए] माइल्डस्टील

बी] कच्चा लोहा

सी] टूल स्टील

डी] कांस्य

43] फाइलों की उत्तलता मदद करती है

ए] अवतल सतहों को फाइल करने के लिए

बी] उत्तल सतहों को फाइल करने के लिए

सी] कामकेकिनारोंकोगोलकरनेसेरोकनेकेलिए

D] दबाव डालने पर फाइल सीधी हो जाती है

44] लकड़ी, चमड़ा और अन्य नरम सामग्री भरने के लिए किस फाइल का उपयोग किया जाता है?

ए] सिंगल कट फाइल

बी] डबल कट फ़ाइल

सी] रास्पकटफ़ाइल

डी] घुमावदार कट फ़ाइल

45] प्रयुक्त फाइल का प्रयोग ------------ के लिए किया जाता है

ए] काम के टुकड़े की सफाई

सी] फ़ाइल दांतों का नवीनीकरण

<u>बी] फाइलदांतोंकीसफाई</u>

डी] चिप्स की सफाई

46] फाइल कार्ड का उपयोग -------- के लिए किया जाता है

ए] काम के टुकड़े को साफ करें

सी] फ़ाइल दांत नवीनीकृत करें

<u>बी] फाइलदांतसाफकरें</u>

47] स्क्राइबर का बिंदु कोण ----------- है

ए] 30 डिग्री

बी] 60 डिग्री

सी] 5° से 10°

<u>डी] 12° से 15°</u>

48] कच्चा लोहा काटने के लिए काटने का कोण है

ए] 375◦

बी] 55◦

सी] <u>60◦</u>

डी] 90◦

49] छेनी सामग्री में खोदेगी जब

ए] रेक कोण अधिक है

बी] निकासी कोण बहुत कम है

सी] <u>झुकावकाकोणअधिकहै</u>

डी] झुकाव का कोण बहुत कम है

50] अत्याधुनिक को थोड़ा उत्तलता दी गई है

ए] घुमावदार सतहों को काटें

बी] तेज कोनों को काटें

सी] <u>सिरोंकीखुदाईरोकें</u>

डी] स्नेहक को प्रवेश करने दें

51] सतह की प्लेटें से बनी होती हैं

ए] उच्च ग्रेड कास्ट स्टील

बी] <u>महीनदानेवालाकच्चालोहा</u>

सी] मिश्र धातु स्टील्स

डी] गढ़ा लोहा

52] टेंपर शैंक ड्रिल मशीन पर किसके माध्यम से आयोजित की जाती है?

ए] चक्स

बी] आस्तीन

सी] बहाव

डी] वाइस

53] ड्रिल चक को ड्रिलिंग मशीन स्पिंडल पर a . के माध्यम से फिट किया जाता है

ए] घुमावदार अंगूठी

बी] आर्बोर

सी] बहाव

डी] पिनियन और कुंजी

54] अभ्यास पर प्रदान किया गया मोर्स टेपर के बीच होता है

ए] एमटी 1 सेएमटी 5

बी] मीट्रिक टन 1 से मीट्रिक टन 4

सी] एमटी 0 से एमटी 5

डी] एमटी 0 से एमटी 4

55] एक बहाव का उपयोग के लिए किया जाता है

ए] एक ड्रिल स्थान बनाना

बी] मशीन स्पिंडल पर चक फिक्सिंग

C] टूटी हुई ड्रिल को काम से हटाना

डी] मशीनस्पिंडलसेड्रिलकोहटाना

56] जब ड्रिल का टेंपर शैंक मशीन स्पिंडल से बड़ा होता है, तो ड्रिल को होल्ड करने का उपकरण होता है a

ए] ड्रिल आस्तीन

बी] टेपरसॉकेट

सी] ड्रिल बहाव

डी] चक और कुंजी

57] ड्रिलिंग मशीन में माइल्ड स्टील की ड्रिलिंग के लिए उपयुक्त कटिंग फ्लुइड है

ए] सिंथेटिक घुलनशील तेल

बी] साफ तेल

सी] आसुत जल

डी] घुलनशीलतेल

58] रेडियल ड्रिलिंग मशीन की एक विशेष विशेषता है

ए] इसका उपयोग एचएसएस ड्रिल के साथ ड्रिलिंग के लिए किया जा सकता है

बी] तालिका को किसी भी स्थिति में स्थानांतरित और सेट किया जा सकता है

सी] विभिन्न प्रकार की गति उपलब्ध है

डी] धुरीकोकिसीभीस्थितिमेंलायाजासकताहै

59] अभ्यास का बिंदु कोण निर्भर करता है

ए] ड्रिल का आकार

बी] मशीन का प्रकार

सी] कामकीसामग्री

डी] ड्रिल का आरपीएम

60] एक मानक ड्रिल के लिए बिंदु कोण है

ए] 60◦

बी] 108◦

सी] 118◦

डी] 135◦

61] पेचदार कोण निर्धारित करता है

ए] कटिंग एंगल

बी] कोण चबाना

सी] रेककोण

डी] होंठ कोण

62] ड्रिल का निकासी कोण के बीच है

ए] 3◦ से 5◦

बी] 8◦ से 12◦

सी] 12◦ से 20◦

डी] 15◦ से 20◦

63] एक दूरस्थ स्थान में (बिजली उपलब्ध नहीं है) एक रेल ट्रैक को ड्रिल किया जाना है सही ड्रिलिंग मशीन चुनें

ए] रेडियल ड्रिलिंग मशीन

बी] स्तंभ ड्रिलिंग मशीन

सी] शाफ़्टड्रिलिंगमशीन

डी] संवेदनशील ड्रिलिंग मशीन

64] एक बढ़ई द्वारा कैबिनेट बनाने के लिए उपयोग की जाने वाली ड्रिलिंग मशीन है a

ए] शाफ़्ट ड्रिलिंग मशीन

बी] रेडियल ड्रिलिंग मशीन

सी] ब्रेस्टड्रिलिंगमशीन

डी] संवेदनशील ड्रिलिंग मशीन

65] निम्नलिखित में से कौन सी ड्रिलिंग मशीन का उपयोग ड्रिलिंग छेद के लिए किया जाता है जहां बिजली उपलब्ध नहीं होती है?

ए] बेंच ड्रिलिंग मशीन

बी] स्तंभ ड्रिलिंग मशीन

सी] रीडायल ड्रिलिंग मशीन

डी] शाफ़्टड्रिलिंगमशीन

66] निम्नलिखित में से कौन सी ड्रिलिंग मशीन भारी शुल्क के काम के लिए प्रयोग की जाती है?

ए] बेंच ड्रिलिंग मशीन

बी] स्तंभ ड्रिलिंग मशीन

सी] रेडियलड्रिलिंगमशीन

डी] इलेक्ट्रिक हैंड ड्रिलिंग मशीन

67] ड्रिल चक को मशीन के स्पिंडल पर किस माध्यम से रखा जाता है?

ए] आर्बर

बी] बहाव

सी] ड्रा-इन बार

डी] चक अखरोट

68] एक संवेदनशील बेंच ड्रिलिंग मशीन में विभिन्न गतियां प्राप्त की जाती हैं ----

ए] बेल्टचरखीतंत्र

बी] हाइड्रोलिक तंत्र

सी] रैक और पिनियन तंत्र

डी] कैम और अनुयायी तंत्र

69] टैप को पीसकर फिर से तेज किया जाता है -----

ए] हट्स

बी] धागे

सी] व्यास

डी] राहत

70] M10 x 15 के लिए टैपिंग ड्रिल का आकार ---------- है

ए] 82

बी] 83

सी] 84

डी] 85

71] M10XIS के स्क्रू के लिए एक नट बनाना है ड्रिल किए गए छेद का आकार क्या होना चाहिए?

ए] 8-5 मिमी
बी] 90 मिमी
सी] 95 मिमी
डी] 100 मिमी
72] कोण प्लेट के मशीनी भाग पर पसलियों को के लिए दिया जाता है
ए] आसान हैंडलिंग
बी] निर्माण में सुविधा
सी] मशीनों पर सेट करते समय क्लैंपिंग
डी] कठोरताऔरविरूपणकोरोकनेकेलिए
73] कोण प्लेट पर स्लॉट के लिए दिए गए हैं
ए] वजन कम करना
बी] काम को संरेखित करना
सी] हुक का उपयोग करके उठाना
डी] बोल्टकोसमायोजितकरना
74] कोण प्लेटों का आकार द्वारा बताया गया है
भार
बी] लंबाई
सी] लंबाई x चौड़ाई
डी] आकारसंख्या
75] गटर बनाने के लिए, छत की चमक, हुड आदि के लिए
ए] जस्ती लोहा
बी] स्टेनलेस स्टील
सी] कॉपर शीट
डी] धातु की चादरें
76] डेयरियों में खाद्य प्रसंस्करण, रसोई के बर्तन आदि
ए] जस्ती लोहा
बी] स्टेनलेस स्टील
सी] कॉपर शीट
डी] धातु की चादरें
77] बाल्टी, हीटिंग नलिकाएं, अलमारियाँ आदि बनाने के लिए
ए] जस्ती लोहा
बी] स्टेनलेस स्टील
सी] कॉपर शीट
डी] धातु की चादरें

78] कैनरी और रासायनिक संयंत्रों में धातु की चादरें

ए] जस्ती लोहा

बी] <u>स्टेनलेस स्टील</u>

सी] कॉपर शीट

डी] धातु की चादरें

79] चादरों को मोटी प्लेटों में मिलाने के लिए रिवेट्स]

ए] <u>काउंटरसंक हेड</u>

बी] फ्लैट सिर

सी] पैन हेड

डी] मशरूम

80] शीट मेटल में शामिल होने के लिए रिवेट्स]

ए] काउंटरसंक हेड

बी] <u>फ्लैट सिर</u>

सी] पैन हेड

डी] मशरूम

81] भारी निर्माण कार्य के लिए रिवेट्स]

ए] काउंटरसंक हेड

बी] फ्लैट सिर

सी] <u>पैन हेड</u>

डी] मशरूम

82] कीलक के लिए मेटा\ सतह के ऊपर कीलक सिर की ऊंचाई कम कर देता है

ए] काउंटरसंक हेड

बी] फ्लैट सिर

सी] पैन हेड

डी] <u>मशरूम</u>

83] आमतौर पर संरचनात्मक कार्य के लिए उपयोग किए जाने वाले रिवेट्स]

ए] काउंटरसंक हेड

बी] फ्लैट सिर

सी] पैन हेड

डी] <u>स्नैप हेड</u>

84] निम्नलिखित में से कौन सा अग्निशामक एक जीवित विद्युत आग के लिए उपयुक्त है?

ए] <u>हेलोन</u>

बी] पानी

सी] फोम
डी] तरलीकृत रसायन

1. शक्ति का SI मात्रक है
(ए) हेनरी
(बी) कूलम्ब
(सी) वाट
(डी) वाट-घंटा

2. विद्युत दाब को भी कहते हैं
(ए) प्रतिरोध
(बी) शक्ति
(सी) वोल्टेज
(डी) ऊर्जा

3. वे पदार्थ जिनमें बड़ी संख्या में मुक्त इलेक्ट्रॉन होते हैं और कम प्रदान करते हैं प्रतिरोध कहा जाता है
(ए) इन्सुलेटर
(बी) प्रेरक
(सी) अर्ध-चालक
(डी) कंडक्टर

4. निम्नलिखित में से कौन खराब कंडक्टर नहीं है?
(ए) कच्चा लोहा
(बी) कॉपर
(सी) कार्बन
(डी) टंगस्टन

5. निम्नलिखित में से कौन एक इन्सुलेट सामग्री है?
(ए) कॉपर
(बी) सोना
(सी) चांदी
(डी) पेपर

6. किसी चालक का वह गुण जिसके कारण वह धारा प्रवाहित करता है, कहलाता है
(ए) प्रतिरोध
(बी) अनिच्छा
(सी) चालन
(डी) अधिष्ठापन

7. चालकता का पारस्परिक है

(ए) प्रतिरोध

(बी) अधिष्ठापन

(सी) अनिच्छा

(डी) समाई

8. किसी चालक का प्रतिरोध व्युत्क्रमानुपाती होता है:

(ए) लंबाई

(बी) क्रॉस-सेक्शनकाक्षेत्र

(सी) तापमान

(डी) प्रतिरोधकता

9. तापमान में वृद्धि के साथ शुद्ध धातुओं का प्रतिरोध

(ए) बढ़ताहै

(बी) घटता है

(सी) पहले बढ़ता है और फिर घटता है

(डी) स्थिर रहता है

10. तापमान में वृद्धि के साथ अर्धचालकों का प्रतिरोध

(ए) घटताहै

(बी) बढ़ता है

(सी) पहले बढ़ता है और फिर घटता है

(डी) स्थिर रहता है

11. 200 मीटर लंबे तांबे के तार का प्रतिरोध 21 है। यदि इसकी मोटाई (व्यास) 0.44 मिमी है, इसका विशिष्ट प्रतिरोध लगभग है

(ए) 1.2 x 10 ~ 8 क्यूएम

(बी) 1.4 x 10 ~ 8 क्यूएम

(सी) 1.6 x 10""8 क्यूएम

(डी) 1.8 x 10"8 क्यूएम

13. विद्युत धारा का पता लगाने वाले उपकरण को कहा जाता है

(ए) वाल्टमीटर

(बी) रिओस्तात

(सी) वाटमीटर

(डी) गैल्वेनोमीटर

14. एक परिपथ में एक 33 Q रोकनेवाला 2 A की धारा वहन करता है। प्रतिरोधक के आर-पार वोल्टेज है

(ए) 33 वी

(बी) 66 वी

(सी) 80 वी

(डी) 132 वी

15. एक प्रकाश बल्ब 300 mA खींचता है जब उसके आर-पार वोल्टेज 240 V होता है। प्रकाश बल्ब का प्रतिरोध होता है

(ए) 400 क्यू

(बी) 600 क्यू

(सी) 800 क्यू

(डी) 1000 क्यू

16. दो शाखाओं वाले समानांतर परिपथ का प्रतिरोध 12 ओम है। यदि एक शाखा का प्रतिरोध 18 ओम है, तो दूसरी शाखा का प्रतिरोध क्या है?

(ए) 18 क्यू

(बी) 36 क्यू

(सी) 48 क्यू

(डी) 64 क्यू

17. समान सामग्री के चार तार, समान अनुप्रस्थ काट का क्षेत्रफल और समान लंबाई के समानांतर में जुड़े होने पर 0.25 Q का प्रतिरोध देते हैं। यदि समान चार तारों को श्रृंखला में जोड़ा जाता है तो प्रभावी प्रतिरोध होगा

(ए) 1 क्यू

(बी) 2 क्यू

(सी) 3 क्यू

(डी) 4 क्यू

18. 16 एम्पियर की धारा दो शाखाओं के बीच क्रमशः 8 ओम और 12 ओम प्रतिरोधों के समानांतर विभाजित होती है। प्रत्येक शाखा में करंट है

(ए) 6.4 ए, 6.9 ए

(बी) 6.4 ए, 9.6 ए

(सी) 4.6 ए, 6.9 ए

(डी) 4.6 ए, 9.6 ए

19. तांबे के कंडक्टर के माध्यम से वर्तमान वेग है

(ए) विद्युत ऊर्जा के प्रसार वेग के समान

(बी) वर्तमान ताकत से स्वतंत्र

(सी) कुछ ^.s/m . केक्रमके

(डी) लगभग 3 x 108 मी/से

20. निम्नलिखित में से किस सामग्री में प्रतिरोध का लगभग शून्य तापमान गुणांक है?

(ए) मैंगनीन

(बी) चीनी मिट्टी के बरतन

(सी) कार्बन

(डी) कॉपर

21. आपको रेडियो में 1500 क्यू रेसिस्टर को बदलना होगा। आपके पास 1500 क्यू रोकनेवाला नहीं है, लेकिन कई 1000 क्यू हैं जिन्हें आप कनेक्ट करेंगे

(ए) समानांतर में दो

(बी) समानांतरमेंदोऔरश्रृंखलामेंएक

(सी) समानांतर में तीन

(डी) श्रृंखला में तीन

22. दो प्रतिरोधकों को श्रेणीक्रम में संयोजित कहा जाता है, जब

(ए) एकहीवर्तमानदोनोंकेमाध्यमसेबारी-बारीसेगुजरताहै

(बी) दोनों वर्तमान का एक ही मूल्य ले जाते हैं

(सी) कुल धारा शाखा धाराओं के योग के बराबर होती है

(डी) आईआर बूंदों का योग लागू ईएमएफ के बराबर होता है

23. निम्नलिखित में से कौन सा कथन एक श्रृंखला और एक समानांतर डीसी सर्किट दोनों के लिए सही है?

(ए) तत्वों में अलग-अलग धाराएं होती हैं

(बी) धाराएं योगात्मक हैं

(सी) वोल्टेज योजक हैं

(डी) पावरएडिटिवहैं

24. निम्नलिखित में से किस सामग्री में प्रतिरोध का नकारात्मक तापमान गुणांक है?

(ए) कॉपर

(बी) एल्यूमिनियम

(सी) कार्बन

(डी) पीतल

25. ओम का नियम लागू नहीं होता

(ए) वैक्यूमट्यूब

(बी) कार्बन प्रतिरोधी

(सी) उच्च वोल्टेज सर्किट

(डी) कम वर्तमान घनत्व वाले सर्किट

26. बिजली का सबसे अच्छा कंडक्टर कौन सा है?

(ए) लोहा

(बी) चांदी

(सी) कॉपर

(डी) कार्बन

27. निम्नलिखित में से किसके लिए 'एम्पीयर सेकेंड' इकाई हो सकती है?

(ए) अनिच्छा

(बी) चार्ज

(सी) पावर

(डी) ऊर्जा

28. निम्नलिखित में से सभी वाट के तुल्य हैं सिवाय

(ए) (एम्पीयर) ओम

(बी) जूल/सेकंड।

(सी) एम्पीयर एक्स वोल्ट

(डी) एम्पीयर / वोल्ट

29. 10 ओम, 10 W रेटिंग वाले प्रतिरोध के a . होने की संभावना है

(ए) धातु प्रतिरोधी

(बी) कार्बन प्रतिरोधी

(सी) तारघावप्रतिरोधी

(डी) परिवर्तनीय प्रतिरोधी

30. निम्नलिखित में से किसमें ऋणात्मक ताप गुणांक नहीं है ?

(ए) एल्यूमिनियम

(बी) पेपर

(सी) रबड़

(डी) मीका

31. Varistors हैं

(ए) इन्सुलेटर

(6) अरैखिकप्रतिरोधक

(सी) कार्बन प्रतिरोधी

(डी) शून्य तापमान गुणांक वाले प्रतिरोधी

32. इन्सुलेट सामग्री का कार्य है

(ए) तारों के संचालन के बीच शॉर्ट सर्किट को रोकना

(बी) वोल्टेजस्रोतऔरलोडकेबीचएकखुलेसर्किटकोरोकना

(सी) बहुत बड़ी धाराओं का संचालन

(डी) बहुत अधिक धाराओं का भंडारण

33. फ्यूज तार की रेटिंग हमेशा व्यक्त की जाती है

(ए) एम्पीयर-घंटे

(बी) एम्पीयर-वोल्ट

(सी) केडब्ल्यूएच
(डी) एम्पीयर
34. एक आयन पर न्यूनतम आवेश होता है
(ए) परमाणु की परमाणु संख्या के बराबर
(बी) एकइलेक्ट्रॉनकेप्रभारकेबराबर
(c) एक परमाणु में इलेक्ट्रॉनों की संख्या के आवेश के बराबर (#) शून्य
35. असमान प्रतिरोध वाले श्रेणी परिपथ में
(ए) उच्चतम प्रतिरोध में इसके माध्यम से सबसे अधिक धारा होती है
(बी) सबसे कम प्रतिरोध में उच्चतम वोल्टेज ड्रॉप होता है
(सी) सबसे कम प्रतिरोध में उच्चतम वर्तमान है
(डी) उच्चतमप्रतिरोधमेंउच्चतमवोल्टेजड्रॉपहोताहै
36. बिजली के बल्ब का फिलामेंट बना होता है
(ए) कार्बन
(बी) एल्यूमीनियम
(सी) टंगस्टन
(डी) निकल
37. एक 3 क्यू रोकनेवाला जिसमें 2 ए करंट होता है, की शक्ति को समाप्त कर देगा
(ए) 2 वाट
(बी) 4 वाट
(सी) 6 वाट
(डी) 8 वाट
38. निम्नलिखित में से कौन सा कथन सत्य है?
(ए) समानांतर में कम प्रतिरोध वाला गैल्वेनोमीटर एक वोल्टमीटर है
(बी) समानांतर में उच्च प्रतिरोध वाला गैल्वेनोमीटर एक वोल्टमीटर है
(सी) श्रृंखलामेंएकगैल्वेनोमीटरप्रतिरोधनिम्नकेसाथएकएमीटरहै
(डी) श्रृंखला में उच्च प्रतिरोध वाला गैल्वेनोमीटर एक एमीटर है
39. बंद विद्युत परिपथ में तार कंडक्टर के कुछ मीटर का प्रतिरोध है
(ए) व्यावहारिकरूपसेशून्य
(फुंक मारा
(सी) उच्च
(डी) बहुत अधिक
40. यदि मेन लाइन में एक समानांतर सर्किट खोला जाता है, तो करंट
(ए) सबसे कम प्रतिरोध की शाखा में बढ़ता है
(बी) प्रत्येक शाखा में बढ़ता है

(सी) सभीशाखाओंमेंशून्यहै

(डी) उच्चतम प्रतिरोधी शाखा में शून्य है

41. यदि 0.2 ओम प्रतिरोध वाले तार के चालक की लंबाई दोगुनी कर दी जाए, तो उसका प्रतिरोध हो जाता है

(ए) 0.4 ओम

(बी) 0.6 ओम

(सी) 0.8 ओम

(डी) 1.0 ओम

42. 60 वोल्ट की विद्युत लाइन के आर-पार तीन 60 वाट के बल्ब समानांतर में हैं। अगर एक बल्ब खुला जलता है

(ए) मुख्य लाइन में भारी धारा होगी

(बी) शेष दो बल्ब नहीं जलेंगे

(c) तीनों बल्ब जलेंगे

(डी) अन्यदोबल्बप्रकाशकरेंगे

43. 40 W के चार बल्ब श्रृंखला में जुड़े हुए हैं, उनके बीच एक बैटरी तेज है, निम्नलिखित में से कौन सा कथन सत्य है?

(ए) एक हीमेंप्रत्येकबल्बकेमाध्यमसेवर्तमान

(बी) प्रत्येक बल्ब में वोल्टेज समान नहीं है

(सी) प्रत्येक बल्ब में बिजली अपव्यय समान नहीं है

(डी) उपरोक्त में से कोई नहीं

44. दो प्रतिरोध Rl और Ri श्रृंखला में वोल्टेज स्रोत में जुड़े हुए हैं जहां Rl>Ri। सबसे बड़ी गिरावट पार होगी

(ए) आरएलई

(बी) री

(सी) या तो आरएल या री

(डी) उनमें से कोई नहीं

46. एक बंद स्विच में का प्रतिरोध होता है

(ए) शून्य

(बी) लगभग 50 ओम

(सी) लगभग 500 ओम

(डी) अनंत

47. बल्ब के फिलामेंट का गर्म प्रतिरोध उसके ठंडे प्रतिरोध से अधिक है क्योंकि फिलामेंट का तापमान गुणांक है

(ए) शून्य

(बी) नकारात्मक

(सी) सकारात्मक

(डी) लगभग 2 ओम प्रति डिग्री

49. करंट ले जाने वाले कंडक्टर पर इंसुलेशन प्रदान किया जाता है

(ए) वर्तमान के रिसाव को रोकने के लिए

(बी) सदमे को रोकने के लिए

(सी) उपरोक्तदोनोंकारक

(डी) उपरोक्त कारकों में से कोई नहीं

50. कंडक्टर पर प्रदान किए गए इन्सुलेशन की मोटाई निर्भर करती है

(ए) कंडक्टरपरवोल्टेजकापरिमाण

(बी) इसके माध्यम से बहने वाली धारा का परिमाण

(सी) दोनों (ए) और (बी)

(डी) उपरोक्त में से कोई नहीं

51. निम्नलिखित में से कौन सी मात्रा एक श्रृंखला सर्किट के सभी भागों में समान रहती है?

(ए) वोल्टेज

(बी) वर्तमान

(सी) पावर

(डी) प्रतिरोध

52. एक 40 W बल्ब को एक रूम हीटर के साथ श्रेणीक्रम में जोड़ा गया है। यदि अब 40 वाट के बल्ब को 100 वाट के बल्ब से बदल दिया जाए, तो हीटर का उत्पादन होगा

(कमी होना

(बी) वृद्धि

(सी) वही रहें

(डी) हीटर जल जाएगा

53. एक इलेक्ट्रिक केतली में पानी 10 मीटर मिनट में उबलता है। बॉयलर को 15 मिनट में उबालना आवश्यक है, उसी आपूर्ति साधन का उपयोग करके

(ए) हीटिंगतत्वकीलंबाईकमकीजानीचाहिए

(बी) हीटिंग तत्व की लंबाई बढ़ाई जानी चाहिए

(सी) हीटिंग तत्व की लंबाई का पानी पर हीटिंग पर कोई प्रभाव नहीं पड़ता है

(डी) उपरोक्त में से कोई नहीं

54. एक विद्युत फिलामेंट बल्ब से काम किया जा सकता है

(ए) डीसी आपूर्ति केवल

(बी) एसी आपूर्ति केवल

(सी) केवल बैटरी की आपूर्ति

(डी) उपरोक्तसभी

55. लागू वोल्टेज बढ़ने पर टंगस्टन लैंप का प्रतिरोध

(ए) घटता है

(बी) बढ़ताहै

(सी) वही रहता है

(डी) उपरोक्त में से कोई नहीं

56. परिपथ से गुजरने वाली विद्युत धारा उत्पन्न करती है

(ए) चुंबकीय प्रभाव

(बी) चमकदार प्रभाव

(सी) थर्मलप्रभाव

(डी) रासायनिक प्रभाव

(ई) सभी उपरोक्त प्रभाव

57. किसी पदार्थ का प्रतिरोध हमेशा घटता है यदि

(ए) सामग्री का तापमान कम हो जाता है

(6) सामग्री का तापमान बढ़ जाता है

(सी) उपलब्ध मुक्त इलेक्ट्रॉनों की संख्या अधिक हो जाती है

(डी) उपरोक्त में से कोई भी सही नहीं है

58. यदि किसी मशीन की दक्षता अधिक हो तो निम्न क्या होना चाहिए ?

(ए) इनपुट पावर

(बी) नुकसान

(सी) शक्ति का सही घटक

(डी) किलोवाट खपत

(ई) आउटपुट से इनपुट का अनुपात

59. जब किसी धात्विक चालक से विद्युत धारा प्रवाहित होती है तो उसका ताप बढ़ जाता है। इसका कारण है

(ए) चालनइलेक्ट्रॉनोंऔरपरमाणुओंकेबीचटकराव

(बी) मूल परमाणुओं से चालन इलेक्ट्रॉनों की रिहाई

(सी) धातु परमाणुओं के बीच आपसी टकराव

(डी) इलेक्ट्रॉनों के संचालन के बीच पारस्परिक टकराव

60. 250 वोल्ट पर रेटेड 500 डब्ल्यू और 200 डब्ल्यू के दो बल्बों का प्रतिरोध अनुपात होगा:

(ए) 4: 25

(बी) 25: 4

(सी) 2: 5

(डी) 5: 2

61. एक कांच की छड़ को रेशमी कपड़े से रगड़ने पर आवेशित होता है क्योंकि

(ए) यह प्रोटॉन में लेता है

(बी) इसके परमाणु हटा दिए जाते हैं

(सी) यहइलेक्ट्रॉनोंकोदूरकरताहै

(डी) यह सकारात्मक चार्ज देता है

62. क्या सर्किट एसी हो सकता है। या डीसी वन, निम्नलिखित में सबसे प्रभावी है: वर्तमान के परिमाण को कम करना।

(ए) रिएक्टर

(बी) संधारित्र

(सी) प्रारंभ करनेवाला

(डी) प्रतिरोधी

63. इसे हटाना अधिक कठिन हो जाता है

(ए) कक्षा से कोई भी इलेक्ट्रॉन

(6) कक्षा से पहला इलेक्ट्रॉन

(सी) कक्षा से दूसरा इलेक्ट्रॉन

(डी) कक्षासेतीसराइलेक्ट्रॉन

64. जब समानांतर परिपथ का एक पैर खोला जाता है तो कुल धारा वसीयत होगी

(ए) कम करें

(बी) वृद्धि

(सी) कमी

(डी) शून्य बनो

65. एक लैम्प लोड में जब कुल प्रतिरोध पर एक से अधिक लैम्प स्विच किए जाते हैं भार का

(ए) बढ़ता है

(बी) घटताहै

(सी) वही रहता है

(डी) उपरोक्त में से कोई नहीं

66. दो लैंप 100 W और 40 W 230 V . के आर-पार श्रृंखला में जुड़े हुए हैं (वैकल्पिक)।

निम्नलिखित में से कौन सा कथन सही है?

(ए) 100 डब्ल्यू लैंप तेज चमकेगा

(बी) 40 डब्ल्यूलैंपतेजचमकेगा

(सी) दोनों दीपक समान रूप से उज्ज्वल चमकेंगे

(डी) 40 डब्ल्यू दीपक फ्यूज हो जाएगा

67. 220 V, 100 W लैम्प का प्रतिरोध होगा

(ए) 4.84 क्यू

(बी) 48.4 क्यू

(सी) 484 फीट

(डी) 4840 क्यू

68. प्रत्यक्ष धारा के मामले में

(ए) वर्तमानकीपरिमाणऔरदिशास्थिररहतीहै

(बी) समय के साथ वर्तमान परिवर्तनों की परिमाण और दिशा

(सी) समय के साथ वर्तमान परिवर्तनों का परिमाण

(डी) वर्तमान का परिमाण स्थिर रहता है

69. जब विद्युत धारा पानी से भरी बाल्टी से गुजरती है, तो बहुत अधिक बुदबुदाहट होती है

देखा। इससे पता चलता है कि आपूर्ति का प्रकार है

(ए) एसी

(बी) डीसी

(सी) उपरोक्त दो में से कोई भी

(डी) उपरोक्त में से कोई नहीं

70. लागू वोल्टेज बढ़ने पर कार्बन फिलामेंट लैंप का प्रतिरोध।

(ए) बढ़ता है

(बी) घटताहै

(सी) वही रहता है

(डी) उपरोक्त में से कोई नहीं

71. स्ट्रीट लाइटिंग में बल्ब सभी जुड़े हुए हैं

(ए) समानांतर

(बी) श्रृंखला

(सी) श्रृंखला-समानांतर

(डी) एंड-टू-एंड

72. परीक्षण उपकरणों के लिए, परीक्षण लैंप की वाट क्षमता होनी चाहिए

(ए) बहुत कम

(फुंक मारा

(सी) उच्च

(डी) कोई मूल्य

73. घर में दीपक जलाने से रेडियो में ध्वनि उत्पन्न होती है। ऐसा इसलिए है क्योंकि स्विचिंग ऑपरेशन उत्पन्न करता है

(ए) संपर्कोंकोअलगकरनेमेंचाप

(बी) उच्च तीव्रता का यांत्रिक शोर

(सी) संपर्कों के बीच यांत्रिक शोर और चाप दोनों

(डी) उपरोक्त में से कोई नहीं

74. स्पार्किंग तब होती है जब एक लोड बंद हो जाता है क्योंकि सर्किट उच्च होता है

(ए) प्रतिरोध

(बी) अधिष्ठापन

(सी) समाई

(डी) प्रतिबाधा

75. निश्चित लंबाई और प्रतिरोध के तांबे के तार को तीन गुना तक खींचा जाता है लंबाई में परिवर्तन के बिना तार का नया प्रतिरोध बन जाता है

(ए) 1/9 बार

(बी) 3 बार

(सी) 9 बार

(डी) अपरिवर्तित

76. जब एक हीटर का प्रतिरोध तत्व फ्यूज हो जाता है और फिर हम उसके एक हिस्से को हटाकर इसे फिर से जोड़ देते हैं, तो हीटर की शक्ति होगी

(कमी होना

(बी) वृद्धि

(सी) स्थिर रहो

(डी) उपरोक्त में से कोई नहीं

77. बल का एक क्षेत्र केवल के बीच मौजूद हो सकता है

(ए) दो अणु

(बी) दोआयन

(सी) दो परमाणु

(डी) दो धातु कण

78. एक पदार्थ जिसके अणुओं में असमान परमाणु होते हैं, कहलाते हैं

(ए) अर्ध-कंडक्टर

(बी) सुपर-कंडक्टो

(सी) यौगिक

(डी) इन्सुलेटर

79. अंतर्राष्ट्रीय ओम को के प्रतिरोध के रूप में परिभाषित किया गया है

(ए) पाराकाएकस्तंभ

(बी) कार्बन का एक घन

(सी) तांबे का घन

(डी) तार की इकाई लंबाई

80. तीन समान प्रतिरोधक पहले समानांतर में और फिर श्रृंखला में जुड़े हुए हैं। पहले संयोजन का दूसरे संयोजन का परिणामी प्रतिरोध होगा

(ए) 9 गुना

(बी) 1/9 बार

(सी) 1/3 बार

(डी) 3 बार

91. प्रतिरोधों के पूर्ण माप के लिए किस विधि का उपयोग किया जा सकता है?

(ए) लोरेंत्ज़ विधि

(बी) रिले विधि

(सी) ओम की कानून विधि

(डी) व्हीटस्टोनब्रिजविधि

92. त्रिभुज बनाने के लिए तीन 6 ओम प्रतिरोधक जुड़े हुए हैं। किन्हीं दो कोनों के बीच प्रतिरोध क्या है?

(ए) 3/2 क्यू

(बी 6 क्यू

(सी) 4 क्यू

(डी) 8/3 क्यू

93. ओम का नियम लागू नहीं होता

(ए) अर्ध-चालक

(बी) डीसी सर्किट

(सी) छोटे प्रतिरोधी

(डी) उच्च धाराएं

94. दो तांबे के कंडक्टरों की लंबाई समान होती है। एक कंडक्टर का क्रॉस-सेक्शनल क्षेत्र दूसरे के चार गुना है। यदि छोटे अनुप्रस्थ काट वाले चालक का प्रतिरोध 40 ओम है तो अन्य चालक का प्रतिरोध होगा

(ए) 160 ओम

(बी) 80 ओम

(सी) 20 ओम

(डी) 10 ओम

95. हीटर कॉइल के रूप में उपयोग किए जाने वाले नाइक्रोम तार में 2 £2/m का प्रतिरोध होता है। 200 वोल्ट पर 1 किलोवाट के हीटर के लिए आवश्यक तार की लंबाई होगी

(ए) 80 एम

(बी) 60 एम

(सी) 40 एम

(डी) 20 एम

96. प्रतिरोध का तापमान गुणांक के रूप में व्यक्त किया जाता है

(ए) ओम/डिग्री सेल्सियस

(बी) एमएचओएस/ओम डिग्री सेल्सियस

(सी) ओम/ओमडिग्रीसेल्सियस

98. जब हीटर कॉइल से करंट प्रवाहित होता है तो यह चमकता है लेकिन आपूर्ति तारों में चमक नहीं होती है क्योंकि

(ए) आपूर्ति लाइन के माध्यम से प्रवाह धीमी गति से बहता है

(बी) आपूर्ति तारों को इन्सुलेशन परत के साथ कवर किया गया है

(सी) हीटरकॉइलकाप्रतिरोधआपूर्तितारोंसेअधिकहै

(डी) आपूर्ति तार बेहतर सामग्री से बने होते हैं

99. ओम के नियम के तहत वैधता की शर्त यह है कि

(ए) प्रतिरोधएकसमानहोनाचाहिए

(बी) वर्तमान प्रतिरोध के आकार के समानुपाती होना चाहिए

(सी) प्रतिरोध तार घाव प्रकार होना चाहिए

(डी) सकारात्मक छोर पर तापमान नकारात्मक छोर पर तापमान से अधिक होना चाहिए

100. निम्नलिखित में से कौन सा कथन सही है?

(ए)
एकअर्ध-चालकएकसामग्रीहैजिसकीचालकताएककंडक्टरऔरएकइन्सुलेटरकेबीचसमानहोतीहै

(बी) एक अर्ध-चालक एक ऐसी सामग्री है जिसमें चालकता होती है जिसमें धातु और इन्सुलेटर की चालकता का औसत मूल्य होता है

(सी) एक अर्ध-कंडक्टर वह होता है जो लागू वोल्टेज का केवल आधा हिस्सा होता है

(डी) एक सेमी-कंडक्टर सामग्री और इन्सुलेटर के संचालन की वैकल्पिक परतों से बना एक सामग्री है

101. एक रिओस्तात पोटेंशियोमीटर से इस संबंध में भिन्न होता है कि यह

(ए) कम वाट क्षमता रेटिंग है

(बी) उच्चवाटक्षमतारेटिंगहै

(सी) बड़ी संख्या में मोड़ हैं

(डी) बड़ी संख्या में टैपिंग प्रदान करता है

102. समान विद्युत प्रतिरोध के लिए समान क्रॉस-सेक्शन के तांबे के कंडक्टर की तुलना में एक एल्यूमीनियम कंडक्टर का वजन है

(ए) 50%

(बी) 60%

(सी) 100%

(डी) 150%

103. एक खुला रोकनेवाला, जब ओम-मीटर से जाँचा जाता है, तो पढ़ता है

(ए) शून्य

(बी) अनंत

(सी) उच्च लेकिन सहनशीलता के भीतर

(डी) कम लेकिन शून्य नहीं

104. अधिकांश धातुओं की तुलना में विद्युत चालकता वाले पदार्थ बहुत कम होते हैं लेकिन विशिष्ट इन्सुलेटर की तुलना में बहुत अधिक होते हैं।

(ए) Varistors

(बी) थर्मिस्टर

(सी) सेमी-कंडक्टर

(डी) परिवर्तनीय प्रतिरोधी

105. सभी अच्छे कंडक्टरों में उच्च होता है

(ए) चालन

(बी) प्रतिरोध

(सी) अनिच्छा

(डी) तापीय चालकता

106. वोल्टेज पर निर्भर प्रतिरोधक आमतौर पर से बने होते हैं

(ए) लकड़ी का कोयला

(बी) सिलिकॉन कार्बाइड

(सी) निक्रोम

(डी) ग्रेफाइट

107. वोल्टेज पर निर्भर प्रतिरोधों का उपयोग किया जाता है

(ए) आगमनात्मक सर्किट के लिए

(बी) उछालकोदबानेकेलिए

(सी) हीटिंग तत्वों के रूप में

(डी) वर्तमान स्टेबलाइजर्स के रूप में

108. प्रोटॉन के द्रव्यमान और इलेक्ट्रॉन के द्रव्यमान का अनुपात लगभग है

(ए) 1840

(बी) 1840

(सी) 30

(डी) 4

109. कार्बन परमाणु की सबसे बाहरी कक्षा में इलेक्ट्रॉनों की संख्या है

(ए) 3

(बी) 4

(सी) 6

(डी) 7

110. समानांतर में जुड़े तीन प्रतिरोधों के साथ, यदि प्रत्येक 20 W को नष्ट कर देता है तो वोल्टेज स्रोत द्वारा आपूर्ति की गई कुल शक्ति बराबर होती है

(ए) 10 डब्ल्यू

(बी) 20 डब्ल्यू

(सी) 40 डब्ल्यू

(डी) 60 डब्ल्यू

111. एक थर्मिस्टर में होता है

(ए) सकारात्मक तापमान गुणांक

(बी) नकारात्मक तापमान गुणांक

(सी) शून्यतापमानगुणांक

(डी) परिवर्तनीय तापमान गुणांक

112. यदि/, R और t क्रमशः धारा, प्रतिरोध और समय हैं, तो तदनुसार
जूल के नियम के अनुसार उत्पादित ऊष्मा के समानुपाती होगी

(ए) I2Rt

(बी) I2Rf

(सी) I2R2t

(डी) आई2आर2टी*

113. नाइक्रोम तार किसका मिश्रधातु है?

(ए) सीसा और जस्ता

(बी) क्रोमियम और वैनेडियम

(सी) निकलऔरक्रोमियम

(डी) तांबा और चांदी

114. जब एक वोल्ट का वोल्टेज लगाया जाता है, तो एक सर्किट एक माइक्रो एम्पीयर करंट प्रवाहित होने देता है। सर्किट का संचालन है

(ए) 1 एन-महो

(बी) 106 एमएचओ
(सी) 1 मिली-महो
(डी) उपरोक्त में से कोई नहीं
115. निम्नलिखित में से किसके पास नकारात्मक तापमान गुणांक हो सकता है?
(ए) चांदी के यौगिक
(6) तरल धातु
(सी) धातु मिश्र धातु
(डी) इलेक्ट्रोलाइट्स
116. चालकता : एमएचओ ::
(ए) प्रतिरोध: ओम
(बी) समाई: हेनरी
(सी) अधिष्ठापन: फैराड
(डी) लुमेन: स्टेरेडियन
117. 1 एंगस्ट्रॉम बराबर होता है
(ए) 10-8 मिमी
(बी) 10"6 सेमी
(सी) 10"10 एम
(डी) 10 ~ 14 एम
118. एक न्यूटन मीटर समान है
(ए) एक वाट
(बी) एकजूल
(सी) पांच जूल
(डी) एक जूल सेकंड
1. केबल के लिए इंसुलेटिंग सामग्री होनी चाहिए
(ए) कम लागत
(बी) उच्च ढांकता हुआ ताकत
(सी) उच्च यांत्रिक शक्ति
(डी) उपरोक्तसभी
2. निम्नलिखित में से कौन एक केबल को यांत्रिक क्षति से बचाता है ?
(ए) बिस्तर
(बी) म्यान
(सी) आर्मरिंग
(डी) उपरोक्त में से कोई नहीं
3. निम्नलिखित में से किस इन्सुलेशन का उपयोग केबलों में किया जाता है?

(ए) वार्निश कैम्ब्रिक

(बी) रबड़

(सी) पेपर

(डी) उपरोक्तमेंसेकोईभी

4. एम्पायर टेप है

(ए) वार्निशकैम्ब्रिक

(बी) वल्केनाइज्ड रबर

(सी) गर्भवती कागज

(डी) उपरोक्त में से कोई नहीं

5. केबल्स में कंडक्टर पर इन्सुलेशन की परत की मोटाई निर्भर करती है

(ए) प्रतिक्रियाशील शक्ति

(बी) पावर फैक्टर

(सी) वोल्टेज

(डी) वर्तमान वहन क्षमता

6. एक केबल पर बिस्तर के होते हैं

(ए) हेसियन कपड़ा

(बी) जूट

(सी) उपरोक्तमेंसेकोईभी

(डी) उपरोक्त में से कोई नहीं

7. केबलों के लिए इन्सुलेट सामग्री चाहिए

(ए) एसिड सबूत हो

(बी) गैर ज्वलनशील हो

(सी) गैर-हीड्रोस्कोपिक हो

(डी) उपरोक्तसभीगुणहैं

8. धात्विक आवरण के ठीक ऊपर एक केबल में ______ दिया जाता है।

(ए) अर्थिंग कनेक्शन

(बी) बिस्तर

(सी) कवच

(डी) उपरोक्त में से कोई नहीं

9. डीसी में केबलों की करंट ले जाने की क्षमता एसी की तुलना में अधिक होती है, जिसका मुख्य कारण

(ए) हार्मोनिक्स की अनुपस्थिति

(बी) किसी भी स्थिरता सीमा की गैर-मौजूदगी

(सी) छोटेढांकताहुआनुकसान

(डी) तरंगों की अनुपस्थिति

(ई) उपरोक्त में से कोई नहीं

10. थ्री कोर फ्लेक्सिबल केबल के मामले में न्यूट्रल का रंग है

(ए) नीला

(बी) काला

(सी) भूरा

(डी) उपरोक्त में से कोई नहीं

132 केवी लाइनों के लिए 11 केबल का उपयोग किया जाता है।

(ए) उच्च तनाव

(बी) सुपर तनाव

(सी) अतिरिक्त उच्च तनाव

(डी) अतिरिक्तसुपरवोल्टेज

12. नाली के पाइपों का प्रयोग सामान्यतः ______ केबलों की सुरक्षा के लिए किया जाता है।

(ए) बिनाढकेकेबल

(बी) बख्तरबंद

(सी) पीवीसी शीथेड केबल्स

(D। उपरोक्त सभी

13. एक केबल में न्यूनतम परावैद्युत प्रतिबल है

(ए) कवच

(बी) बिस्तर

(सी) कंडक्टर सतह

(डी) लीडम्यान

14. सिंगल कोर केबल्स में आर्मरिंग नहीं किया जाता है

(ए) अत्यधिकम्याननुकसानसेबचें

(बी) इसे लचीला बनाएं

(सी) उपरोक्त में से कोई भी

(डी) उपरोक्त में से कोई नहीं

15. रबर की परावैद्युत शक्ति लगभग होती है

(ए) 5 केवी / मिमी

(बी) 15 केवी / मिमी

(सी) 30 केवी / मिमी

(डी) 200 केवी / मिमी

16. लो टेंशन केबल का उपयोग आमतौर पर तक किया जाता है

(ए) 200 वी
(बी) 500 वी
(सी) 700 वी
(डी) 1000 वी
17. एक केबल में, ऑपरेटिंग परिस्थितियों में अधिकतम तनाव होता है
(ए) इन्सुलेशन परत
(बी) म्यान
(सी) कवच
(डी) कंडक्टरसतह
18. उच्च तनाव केबल्स आमतौर पर तक उपयोग किए जाते हैं
(ए) 11 केवी
(बी) 33kV
(सी) 66 केवी
(डी) 132 केवी
19. केबल का उछाल प्रतिरोध है
(ए) 5 ओम
(बी) 20 ओम
(सी) 50 ओम
(डी) 100 ओम
20. पीवीसी का अर्थ है
(ए) पॉलीविनाइलक्लोराइड
(बी) पोस्ट वार्निश कंडक्टर
(सी) दबाया और वार्निश कपड़ा
(डी) सकारात्मक वोल्टेज कंडक्टर
21. केबल्स में, आमतौर पर तुलना करके गलती की स्थिति का पता लगाया जाता है
(ए) कंडक्टर का प्रतिरोध
(बी) कंडक्टरों का अधिष्ठापन
(सी) इन्सुलेटेडकंडक्टरकीक्षमता
(डी) सभी उपरोक्त पैरामीटर
22. केबल्स की कैपेसिटेंस ग्रेडिंग में हम एक _______ डाइइलेक्ट्रिक का उपयोग करते हैं।
(ए) समग्र
(बी) झरझरा
(सी) सजातीय

(डी) हीड्रोस्कोपिक

23. दबाव केबल्स का आमतौर पर उपयोग नहीं किया जाता है

(ए) 11 केवी

(बी) 33 केवी

(सी) 66 केवी

(डी) 132 केवी

24. केबल पर आर्मरिंग के लिए सामग्री आमतौर पर होती है

(ए) स्टील टेप

(बी) गैल्वेनाइज्ड स्टील वायर

(सी) उपरोक्तमेंसेकोईभी

(डी) उपरोक्त में से कोई नहीं

25. आमतौर पर 66 केवी से अधिक उपयोग किए जाने वाले केबल्स हैं

(ए) तेलभरा

(बी) एसएल प्रकार

(सी) बेल्ट

(डी) बख्तरबंद

26. रबर की आपेक्षिक पारगम्यता है

(ए) 2 और 3 . केबीच

(बी) 5 और 6 . के बीच

(सी) 8 और 10 . के बीच

(डी) 12 और 14 . के बीच

27. ठोस प्रकार के केबलों को 66 kV से अधिक अविश्वसनीय माना जाता है क्योंकि

(ए) उच्च तापमान के कारण इन्सुलेशन पिघल सकता है

(बी) कंडक्टर पर त्वचा का प्रभाव हावी है

(सी) कंडक्टर और म्यान सामग्री के बीच कोरोना नुकसान की

(डी) रिक्तियोंकीउपस्थितिकेकारणइन्सुलेशनकेटूटनेकाखतराहै

28. यदि किसी केबल की लंबाई दोगुनी कर दी जाए, तो उसकी धारिता

(ए) एक चौथाई हो जाता है

(बी) आधा . हो जाता है

(सी) डबलहोजाताहै

(डी) अपरिवर्तित रहता है

29. केबलों में चार्जिंग करंट

(ए) वोल्टेज को 90 डिग्री से पीछे कर देता है

(बी) वोल्टेजको 90 डिग्रीसेल्सियसतकलेजाताहै

(c) वोल्टेज को 180° . से पीछे कर देता है

(डी) वोल्टेज को 180 डिग्री सेल्सियस तक ले जाता है

30. एक निश्चित केबल में सापेक्ष पारगम्यता का इन्सुलेशन होता है। यदि इन्सुलेशन है

सापेक्ष पारगम्यता 2 में से एक द्वारा प्रतिस्थापित, केबल की समाई बन जाएगी

(ए) एकआधा

(6) डबल

(सी) चार बार

(डी) उपरोक्त में से कोई नहीं

31. यदि सजातीय इन्सुलेशन के केबल का अधिकतम तनाव 10 kV/mm है,
तो इन्सुलेशन की ढांकता हुआ ताकत होनी चाहिए

(ए) 5 केवी / मिमी

(बी) 10 केवी / मिमी

(सी) 15 केवी / मिमी

(डी) 30 केवी / मिमी

32. केबल्स में, शीथ का उपयोग किया जाता है

(ए) नमीकोकेबलमेंप्रवेशकरनेसेरोकें

(बी) पर्याप्त ताकत प्रदान करें

(ई) उचित इन्सुलेशन प्रदान करें

(डी) उपरोक्त में से कोई नहीं

33. केबल्स में इंटरशीथ का उपयोग किया जाता है

(ए) तनाव को कम करें

(बी) अच्छे इन्सुलेशन की आवश्यकता से बचें

(सी) उचिततनाववितरणप्रदानकरें

(डी) उपरोक्त में से कोई नहीं

34. भूमिगत केबल्स में इलेक्ट्रोस्टैटिक तनाव है

(ए) कंडक्टर और म्यान पर समान

(बी) कंडक्टर पर न्यूनतम और म्यान पर अधिकतम

(सी) कंडक्टरपरअधिकतमऔरम्यानपरन्यूनतम

(डी) कंडक्टर के साथ-साथ म्यान पर शून्य

(ई) उपरोक्त में से कोई नहीं

35. केबल के इन्सुलेशन के टूटने से आर्थिक रूप से बचा जा सकता है
का उपयोग

(ए) अंतर-म्यान

(बी) विभिन्न ढांकता हुआ स्थिरांक के साथ इन्सुलेट सामग्री

(सी) दोनों (ए) और (बी)

(डी) उपरोक्त में से कोई नहीं

36. केबल का इंसुलेशन किसके साथ घटता है

(ए) इन्सुलेशनकीलंबाईमेंवृद्धि

(बी) इन्सुलेशन की लंबाई में कमी

(सी) या तो (ए) या (बी)

(डी) उपरोक्त में से कोई नहीं

37. प्रत्यावर्ती धारा ले जाने वाली एक केबल में है

(ए) केवल हिस्टैरिसीस नुकसान

(बी) केवलहिस्टैरिसीसऔररिसावनुकसान

(सी) हिस्टैरिसीस, रिसाव और तांबे के नुकसान केवल

(डी) हिस्टैरिसीस, रिसाव, तांबा और घर्षण नुकसान

38. एक केबल में वोल्टेज प्रतिबल अधिकतम होता है

(ए) म्यान

(6) इन्सुलेटर

(ई) कंडक्टर की सतह

(डी) कंडक्टरकाकोर

39. केबल की कैपेसिटेंस ग्रेडिंग का तात्पर्य है

(ए) विभिन्नपारगम्यताकेडाइलेक्ट्रिक्सकाउपयोग

(बी) प्रति किमी लंबाई केबल्स की क्षमता के अनुसार ग्रेडिंग

(सी) विभिन्न सांद्रता में एकल ढांकता हुआ का उपयोग कर केबल

(डी) प्रभाव का मुकाबला करने के लिए अलग-अलग लंबाई में समाई की आवश्यकता होती है

अधिष्ठापन का

40. भूमिगत केबल पर्याप्त गहराई पर बिछाई जाती हैं

(ए) तापमान तनाव को कम करने के लिए

(बी) मिट्टी को हटाने के कारण आसानी से पता लगाने से बचने के लिए

(सी) गैसिंगवाहनोंआदिकेकारणझटकेऔरकंपनकेप्रभावकोकमकरनेकेलिए।

(डी) उपरोक्त सभी कारणों से

41. ओवरहेड ट्रांसमिशन लाइनों पर केबल का लाभ है

(ए) आसान रखरखाव

(बी) कम लागत

(सी) भीड़भाड़वालेक्षेत्रोंमेंइस्तेमालकियाजासकताहै

(डी) उच्च वोल्टेज सर्किट में इस्तेमाल किया जा सकता है

42. केबलों पर धातु के परिरक्षण की मोटाई आमतौर पर होती है

(ए) <u>0.04 मिमी</u>

(बी) 0.2 से 0.4 मिमी

(ई) 3 से 5 मिमी

(डी) 40 से 60 मिमी

43. 220 केवी लाइनों के लिए केबल अनिवार्य रूप से हैं

(ए) अभ्रक अछूता

(बी) कागज अछूता

(सी) <u>संपीड़िततेलयासंपीड़ितगैसइन्सुलेट</u>

(डी) रबड़ इन्सुलेट

(ई) उपरोक्त में से कोई नहीं

44. क्या एक केबल को 1000 केवी पर उपयोग के लिए डिज़ाइन किया जाना है, आप कौन सा इन्सुलेशन पसंद करेंगे?

(ए) पॉलीविनाइल क्लोराइड

(बी) वल्केनाइज्ड रबर

(सी) गर्भवती कागज

(डी) <u>संपीड़ितएसएफईगैस</u>

45. यदि एक पावर केबल और एक संचार केबल को समानांतर चलाना है तो न्यूनतम हस्तक्षेप से बचने के लिए दोनों के बीच की दूरी होनी चाहिए

(ए) 2 सेमी

(बी) 10 सेमी

(सी) <u>50 सेमी</u>

(डी) 400 सेमी

46. केबल्स के लिए कंडक्टर के रूप में कॉपर का उपयोग किया जाता है

(ए) <u>annealed</u>

(बी) कठोर और टेम्पर्ड

(सी) कठिन खींचा

(डी) क्रोमियम के साथ मिश्र धातु

47. इन्सुलेट सामग्री में होना चाहिए

(ए) कम पारगम्यता

(बी) उच्च प्रतिरोधकता

(सी) उच्च ढांकता हुआ ताकत

(डी) <u>उपरोक्तसभी</u>

48. तेल से भरे केबल्स का लाभ है
(ए) अधिक सही संसेचन
(बी) छोटे समग्र आकार
(सी) कोई आयनीकरण, ऑक्सीकरण और रिक्तियों का गठन नहीं
(डी) उपरोक्तसभी
49. इन्सुलेट सामग्री के रूप में कागज के साथ नुकसान है
(ए) यहहीड्रोस्कोपिकहै
(6) इसमें उच्च समाई है
(सी) यह एक कार्बनिक पदार्थ है
(डी) उपरोक्त में से कोई नहीं
50. एक केबल का ब्रेकडाउन वोल्टेज निर्भर करता है
(ए) नमी की उपस्थिति
(बी) काम कर रहे तापमान
(सी) वोल्टेज के आवेदन का समय
(डी) उपरोक्तसभी
1. टेस्ला की एक इकाई है
(ए) क्षेत्र की ताकत
(बी) अधिष्ठापन
(सी) प्रवाहघनत्व
(डी) प्रवाह
2. पारगम्य पदार्थ एक होता है
(ए) जो एक अच्छा कंडक्टर है
(6) जो एक बुरा संवाहक है
(सी) जो एक मजबूत चुंबक है
(डी) जिसकेमाध्यमसेबलकीचुंबकीयरेखाएंबहुतआसानीसेगुजरसकतीहैं
3. कम धारण क्षमता वाले पदार्थ बनाने के लिए उपयुक्त होते हैं
(ए) कमजोर चुंबक
(बी) अस्थायीचुंबक
(सी) स्थायी चुंबक
(डी) उपरोक्त में से कोई नहीं
4. एक चुंबकीय क्षेत्र चारों ओर मौजूद है
(ए) लोहा
(बी) तांबा
(सी) एल्यूमीनियम

(डी) चलतीशुल्क

5. फेराइट पदार्थ हैं।

(ए) पैरामैग्नेटिक

(बी) प्रतिचुंबकीय

(सी) लौहचुंबकीय

(डी) उपरोक्त में से कोई नहीं

6. वायु अंतराल में लोहे या इस्पात पथ की तुलना में ________ अनिच्छा होती है

(थोड़ा

(बी) कम

(सी) उच्च

(डी) शून्य

7. बल की चुंबकीय रेखाओं की दिशा है

(ए) दक्षिणी ध्रुव से उत्तरी ध्रुव तक

(बी) उत्तरीध्रुवसेदक्षिणीध्रुवतक

(सी) चुंबक के एक छोर से दूसरे छोर तक

(डी) उपरोक्त में से कोई नहीं

8. निम्नलिखित में से कौन एक सदिश राशि है?

(ए) सापेक्ष पारगम्यता

(बी) चुंबकीयक्षेत्रकीतीव्रता

(सी) फ्लक्स घनत्व

(डी) चुंबकीय क्षमता

9. एक ट्रांसमिशन लाइन के दो कंडक्टर बराबर धारा I को विपरीत दिशा में ले जाते हैं निर्देश। प्रत्येक कंडक्टर पर बल है

(ए) 7 . के आनुपातिक

(बी) एक्सकेआनुपातिक

(सी) कंडक्टरों के बीच की दूरी के आनुपातिक

(डी) I . के विपरीत आनुपातिक

10. वह पदार्थ जो चुंबकीय क्षेत्र द्वारा थोड़ा प्रतिकर्षित होता है, कहलाता है

(ए) लौहचुंबकीय सामग्री

(बी) प्रतिचुंबकीयसामग्री

(सी) पैरामैग्नेटिक सामग्री

(डी) सामग्री का संचालन

11. जब लोहे के टुकड़े को चुंबकीय क्षेत्र में रखा जाता है

(ए) जाने के लिए बल की चुंबकीय रेखाएं अपने सामान्य पथ से दूर हो जाएंगी

टुकड़े से दूर

(बी) बलकीचुंबकीयरेखाएंअपनेसामान्यपथसेदूरहोजाएंगीताकि टुकड़ेकेमाध्यमसेगुजरना

(सी) चुंबकीय क्षेत्र प्रभावित नहीं होगा

(डी) लोहे का टुकड़ा टूट जाएगा

12. फ्लेमिंग के बाएं हाथ के नियम का प्रयोग को खोजने के लिए किया जाता है

(ए) वर्तमान ले जाने वाले कंडक्टर के कारण चुंबकीय क्षेत्र की दिशा

(बी) एक परिनालिका में प्रवाह की दिशा

(सी) एकचुंबकीयक्षेत्रमेंवर्तमानलेजानेवालेकंडक्टरपरबलकीदिशा

(डी) एक चुंबकीय ध्रुव की ध्रुवीयता

13. चुम्बकत्व की तीव्रता और चुम्बकत्व बल के अनुपात को क्या कहते हैं?

(ए) प्रवाह घनत्व

(बी) संवेदनशीलता

(सी) सापेक्ष पारगम्यता

(डी) उपरोक्त में से कोई नहीं

14. स्टील को चुंबकित करना सामान्य कठिन है क्योंकि

(ए) यह आसानी से खराब हो जाता है

(6) इसकी उच्च पारगम्यता है

(सी) इसमें उच्च विशिष्ट गुरुत्व है

(डी) इसकीकमपारगम्यताहै

15. बाएँ हाथ का नियम किससे संबंधित है?

(ए) एक कंडक्टर पर वर्तमान, प्रेरित ईएमएफ और बल की दिशा

(बी) चुंबकीय क्षेत्र, विद्युत क्षेत्र और कंडक्टर पर बल की दिशा

(सी) एक कंडक्टर पर आत्म प्रेरण, पारस्परिक प्रेरण और बल की दिशा

(डी) एककंडक्टरपरवर्तमान, चुंबकीयक्षेत्रऔरबलकीदिशा

16. आपेक्षिक पारगम्यता की इकाई है

(ए) हेनरी / मीटर

(बी) हेनरी

(सी) हेनरी / वर्ग। एम

(डी) यहआयामहीनहै

17. लम्बाई L के एक चालक में धारा I प्रवाहित होती है, जब इसे रखा जाता है चुंबकीय क्षेत्र के समानांतर। कंडक्टर द्वारा अनुभव किया गया बल होगा

(ए) शून्य

(बी) बीएलआई

(सी) बी2एलआई

(डी) बीएलआई2

18. दो लंबे समानांतर कंडक्टरों के बीच का बल के व्युत्क्रमानुपाती होता है

(ए) कंडक्टरों की त्रिज्या

(बी) एक कंडक्टर में वर्तमान

(सी) दो कंडक्टरों में वर्तमान का उत्पाद

(डी) कंडक्टरोंकेबीचकीदूरी

19. चुंबकत्व के तेजी से उत्क्रमण के अधीन सामग्री होनी चाहिए

(ए) बड़े क्षेत्र ओआईबी-एच लूप

(बी) उच्चपारगम्यताऔरकमहिस्टैरिसीसनुकसान

(सी) उच्च सह-ऊर्जा और उच्च प्रतिधारण

(डी) उच्च सह-ऊर्जा और कम घनत्व

20. इंगित करें कि निम्नलिखित में से कौन सी सामग्री चुंबकत्व को बरकरार नहीं रखती है

स्थायी रूप से।

(ए) नरमलोहा

(बी) स्टेनलेस स्टील

(ई) कठोर स्टील

(डी) उपरोक्त में से कोई नहीं

21. परमालॉय का मुख्य घटक है

(ए) कोबाल्ट

(बी) क्रोमियम

(सी) निकल

(डी) टंगस्टन

22. स्थायी चुम्बकों का उपयोग है। में नहीं बनाया गया

(ए) मैग्नेटो

(6) ऊर्जा मीटर

(सी) ट्रांसफार्मर

(डी) लाउड-स्पीकर

23. अनुचुम्बकीय पदार्थों में आपेक्षिक पारगम्यता होती है

(ए) एकता से थोड़ा कम

(बी) एकता के बराबर

(सी) एकतासेथोड़ाअधिक

(डी) उस फेरोमैग्नेटिक मेट रियाल के बराबर

25. वे पदार्थ जिनकी पारगम्यता मुक्त स्थान की पारगम्यता से कम होती है के रूप में जाना जाता है

(ए) लौहचुंबकीय

(बी) पैरामैग्नेटिक

(सी) प्रतिचुंबकीय

(डी) द्विध्रुवी

27. बाएं हाथ के नियम में, तर्जनी हमेशा का प्रतिनिधित्व करती है

(ए) वोल्टेज

(बी) वर्तमान

(सी) चुंबकीयक्षेत्र

(डी) कंडक्टर पर बल की दिशा

28. निम्नलिखित में से कौन लौहचुम्बकीय पदार्थ है ?

(ए) टंगस्टन

(बी) एल्यूमिनियम

(सी) कॉपर

(डी) निकेल

29. फेराइट का एक उपसमूह है

(ए) गैर-चुंबकीय सामग्री

(6) लौह-चुंबकीय सामग्री

(सी) पैरामैग्नेटिक सामग्री

(डी) फेरी-चुंबकीयसामग्री

30. गिल्बर्ट की एक इकाई है

(ए) इलेक्ट्रोमोटिव बल

(बी) मैग्नेटोमोटिवबल

(सी) चालन

(डी) पारगम्यता

51. बिजली की मात्रा के लिए इकाई है

(ए) एम्पीयर-घंटा

(बी) वाट

(सी) जूल

(डी) कूलम्ब

52. बायो-सावर्ट का नियम किसका सामान्य संशोधन है?

(ए) किरचॉफ कानून

(बी) लेनज़ का कानून

(सी) <u>एम्पीयरकाकानून</u>

(डी) फैराडे के कानून

53. नर्म लोहे से चुम्बक बनाने का सबसे प्रभावी और तेज मेय किसके द्वारा है?

(ए) <u>इसेकरंटलेजानेवालीकॉइलकेअंदररखना</u>

(बी) प्रेरण

(सी) स्थायी चुंबक का उपयोग

(डी) दूसरे चुंबक के साथ रगड़ना

54. चुंबकत्व के परिरक्षण या स्क्रीनिंग के लिए आमतौर पर इस्तेमाल की जाने वाली सामग्री है

(ए) तांबा

(बी) एल्यूमीनियम

(सी) <u>नरमलोहा</u>

(डी) पीतल

55. यदि एक तांबे की डिस्क को स्वतंत्र रूप से निलंबित चुंबकीय सुई के नीचे तेजी से घुमाया जाता है,

चुंबकीय सुई एक वेग के साथ घूमना शुरू कर देगी

(ए) डिस्क से कम लेकिन विपरीत दिशा में

(बी) डिस्क के बराबर और उसी दिशा में

(सी) डिस्क के बराबर और विपरीत दिशा में

(डी) <u>डिस्कसेकमऔरएकहीदिशामें</u>

56. एक स्थायी चुंबक

(ए) <u>कुछपदार्थोंकोआकर्षितकरताहैऔरदूसरोंकोपीछेहटाताहै</u>

(बी) सभी अनुचुंबकीय पदार्थों को आकर्षित करता है और दूसरों को पीछे हटाता है

(सी) केवल लौहचुंबकीय पदार्थों को आकर्षित करता है

(डी) फेरोमैग्नेटिक पदार्थों को आकर्षित करता है और अन्य सभी को पीछे हटा देता है

57. सामग्री की अवधारण (एक संपत्ति) के निर्माण के लिए उपयोगी है

(ए) <u>स्थायीचुंबक</u>

(बी) ट्रांसफार्मर

(सी) गैर चुंबकीय पदार्थ

(डी) विद्युत चुंबक

58. सामग्री की सापेक्ष पारगम्यता स्थिर नहीं है।

(ए) प्रतिचुंबकीय

(बी) पैरामैग्नेटिक

(सी) <u>लौहचुंबकीय</u>

(डी) इन्सुलेट

59. सामग्री हवा की तुलना में चुंबकीय प्रवाह के थोड़े अवर संवाहक हैं।

(ए) लौहचुंबकीय

(बी) पैरामैग्नेटिक

(सी) प्रतिचुंबकीय

(डी) ढांकता हुआ

60. चुंबकीय रूप से कठोर सामग्री के मामले में हिस्टैरिसीस लूप आकार में अधिक होता है:

चुंबकीय रूप से नरम सामग्री की तुलना में।

(ए) परिपत्र

(बी) त्रिकोणीय

(सी) आयताकार

(डी) उपरोक्त में से कोई नहीं

61. चुंबकीय क्षण M का एक आयताकार चुंबक उसी के दो टुकड़ों में काटा जाता है
लंबाई, प्रत्येक टुकड़े का चुंबकीय क्षण होगा

(पूर्वाह्न

(बी) एम / 2

(सी) 2 एम

(डी) एम / 4

62. एक कीपर का उपयोग किया जाता है

(ए) चुंबकीय रेखाओं की दिशा बदलें

(बी) प्रवाह बढ़ाना

(सी) खोए हुए प्रवाह को बहाल करें

(डी) प्रवाहकेलिएएकबंदपथप्रदानकरें

63. चुंबकीय क्षण a . है

(ए) ध्रुव ताकत

(6) सार्वभौमिक स्थिरांक

(सी) अदिश मात्रा

(डी) वेक्टरमात्रा

64. चुंबकीय क्षेत्र में कंडक्टर के क्रॉस-सेक्शनल क्षेत्र का परिवर्तन प्रभावित करेगा

(ए) कंडक्टर की अनिच्छा

(बी) कंडक्टर का प्रतिरोध

(सी) (ए) और (बी) दोनोंएकहीतरहसे

(डी) उपरोक्त में से कोई नहीं

65. एकसमान चुंबकीय क्षेत्र है

(ए) समानांतर कंडक्टर के एक सेट का क्षेत्र

(बी) एक कंडक्टर का क्षेत्र

(सी) वहक्षेत्रजिसमेंचुंबकीयप्रवाहकीसभीरेखाएंसमानांतरऔरसमानदूरीपरहोतीहैं

(डी) उपरोक्त में से कोई नहीं

66. चुंबक-प्रेरक बल है

(ए) रोमांचक कॉइल के दो सिरों में वोल्टेज

(बी) एक विद्युत प्रवाह का प्रवाह

(सी) चुंबकीयक्षेत्रकीएकपंक्तिद्वाराग्रहणकीगईसभीधाराओंकायोग

(डी) एक रोमांचक कुंडल के माध्यम से चुंबकीय क्षेत्र का मार्ग

91. निम्नलिखित में से किस सामग्री के लिए संतृप्ति मूल्य सबसे अधिक है?

(ए) फेरोमैग्नेटिक सामग्री

(6) अनुचुंबकीय पदार्थ

(सी) प्रतिचुंबकीय सामग्री

(डी) फेराइट्स

92. चुम्बकीय पदार्थ चुम्बकत्व का गुण प्रदर्शित करते हैं क्योंकि

(ए) इलेक्ट्रॉनों की कक्षीय गति

(बी) इलेक्ट्रॉनों का स्पिन

(सी) नाभिककेस्पिन

(डी) इनमें से कोई भी

93. निम्नलिखित में से किस सामग्री के लिए शुद्ध चुंबकीय क्षण शून्य होना चाहिए?

(ए) प्रतिचुंबकीय सामग्री

(बी) फेरिमैग्नेटिक सामग्री

(सी) एंटीफेरोमैग्नेटिकसामग्री

(डी) एंटीफेरिमैग्नेटिक सामग्री

94. विद्युत चुम्बक की आकर्षण क्षमता बढ़ जाएगी यदि

(ए) कोर लंबाई बढ़ जाती है i

(बी) कोर क्षेत्र बढ़ता है

(सी) प्रवाह घनत्व घट जाती है

(डी) प्रवाहघनत्वबढ़ताहै

95. निम्नलिखित में से कौन सा कथन सही है?

(ए) फेराइटकीचालकताफेरोमैग्नेटिकसामग्रीसेबेहतरहै

(बी) फेरोमैग्नेटिक सामग्री की चालकता फेराइट से बेहतर है

(सी) फेराइट की चालकता बहुत अधिक है

(डी) फेराइट की चालकता फेरोमैग्नेटिक सामग्री के समान होती है

96. अस्थायी चुम्बक का प्रयोग किया जाता है

(ए) लाउड-स्पीकर

(बी) जनरेटर

(सी) मोटर्स

(डी) उपरोक्तसभी

97. शोर वाले परिनालिका के मुख्य कारण हैं

(ए) प्रतिकर्षण के कारण अंत में टुकड़े टुकड़े से पंखे की मजबूत प्रवृत्ति

बल की चुंबकीय रेखाओं के बीच

(बी) असमान असर वाली सतह, जो चलती और के बीच गंदगी या असमान पहनने के कारण होती है

स्थिर भाग

(सी) उपरोक्तदोनों

(डी) उपरोक्त में से कोई नहीं

99. विद्युत चुम्बक के क्रोड में होना चाहिए

(ए) कम जबरदस्ती

(6) उच्च संवेदनशीलता

(सी) उपरोक्तदोनों

(डी) उपरोक्त में से कोई नहीं

100. चुंबक के चुंबकत्व को किसके द्वारा नष्ट किया जा सकता है?

(ए) हीटिंग

(बी) हथौड़ा मारना

(सी) दूसरे चुंबक की आगमनात्मक क्रिया द्वारा

(डी) उपरोक्तसभीतरीकोंसे

1. "इलेक्ट्रोड पर मुक्त आयन का द्रव्यमान विद्युत की मात्रा के समानुपाती होता है"। उपरोक्त कथन से सम्बंधित है

(ए) न्यूटन का नियम

(बी) फैराडे का विद्युत चुम्बकीय कानून

(c) फैराडेकाइलेक्ट्रोलिसिसकानियम

(डी) गॉस का कानून

2. किसी पदार्थ के एक ग्राम समतुल्य को मुक्त करने के लिए आवश्यक आवेश को _______ स्थिरांक कहा जाता है

(एक वक़्त

(बी) फैराडेके

(सी) बोल्ट्जमैन

3. लेड-एसिड सेल को चार्ज करने के दौरान

(ए) इसकावोल्टेजबढ़ताहै

(बी) यह ऊर्जा देता है

(c) इसका कैथोड डार्क चॉकलेट ब्राउन रंग का हो जाता है

(डी) H2SO4 का विशिष्ट गुरुत्व घटता है

4. लेड-एसिड सेल की क्षमता किस पर निर्भर नहीं करती है?

(तापमान

(बी) प्रभारकीदर

(सी) निर्वहन की दर

(डी) सक्रिय सामग्री की मात्रा

5. लीड-एसिड बैटरी के इलेक्ट्रोलाइट के विशिष्ट गुरुत्व को चार्ज करने के दौरान

(ए) बढ़ताहै

(बी) घटता है

(सी) वही रहता है

(डी) शून्य हो जाता है

6. पूरी तरह से चार्ज लेडएसिड बैटरी की सकारात्मक और नकारात्मक प्लेटों पर सक्रिय सामग्री हैं

(ए) सीसा और सीसा पेरोक्साइड

(बी) लेड सल्फेट और लेड

(सी) सीसापेरोक्साइडऔरसीसा

(डी) उपरोक्त में से कोई नहीं

7. जब एक लेड-एसिड बैटरी पूरी तरह से चार्ज की स्थिति में होती है, तो उसके धनात्मक का रंग

प्लेट है

(ए) गहरा भूरा

(बी) भूरा

(सी) गहराभूरा

(डी) उपरोक्त में से कोई नहीं

8. निकल-लौह बैटरी की सक्रिय सामग्री हैं

(ए) निकल हाइड्रॉक्साइड

(6) चूर्ण लोहा और उसका ऑक्साइड

(सी) केओएच का 21% समाधान

(डी) उपरोक्तसभी

9. एक लेड-एसिड सेल की एम्पीयर-घंटे की दक्षता और वाट-घंटे की दक्षता का अनुपात है

(ए) सिर्फ एक

(बी) <u>हमेशाएकसेबड़ा</u>

(सी) हमेशा एक से कम

(डी) उपरोक्त में से कोई नहीं।

10. लेड-एसिड बैटरी पर आवेश की स्थिति के बारे में सबसे अच्छा संकेत किसके द्वारा दिया जाता है

(ए) आउटपुट वोल्टेज

(बी) इलेक्ट्रोलाइट का तापमान

(सी) <u>इलेक्ट्रोलाइटकीविशिष्टगुरुत्व</u>

(डी) उपरोक्त में से कोई नहीं

11. आमतौर पर इलेक्ट्रिक पावर स्टेशन में उपयोग की जाने वाली स्टोरेज बैटरी है

(ए) निकल-कैडमियम बैटरी

(बी) जिंक-कार्बन बैटरी

(सी) <u>लीड-एसिडबैटरी</u>

(डी) उपरोक्त में से कोई नहीं

12. चार्जर का आउटपुट वोल्टेज है

(ए) बैटरी वोल्टेज से कम

(बी) <u>बैटरीवोल्टेजसेअधिक</u>

(सी) बैटरी वोल्टेज के समान

(डी) उपरोक्त में से कोई नहीं

13. कोशिकाओं को क्रम में क्रम से जोड़ा जाता है

(ए) <u>वोल्टेजरेटिंगबढ़ाएं</u>

(6) वर्तमान रेटिंग बढ़ाएँ

(सी) कोशिकाओं के जीवन में वृद्धि

(डी) उपरोक्त में से कोई नहीं

14. पांच 2 वी सेल समानांतर में जुड़े हुए हैं। आउटपुट वोल्टेज है

(ए) 1 वी

(6) 1.5 वी

(सी) 1.75 वी

(डी) <u>2 वी</u>

15. बैटरी की क्षमता को के रूप में व्यक्त किया जाता है

(ए) वर्तमान रेटिंग

(बी) वोल्टेज रेटिंग

(सी) एम्पीयर-घंटेरेटिंग

(डी) उपरोक्त में से कोई नहीं

16. निकल-लौह सेल के चार्जिंग और डिस्चार्जिंग के दौरान

(ए) संक्षारक धुएं का उत्पादन होता है

(बी) पानीनतोबनताहैऔरनहीअवशोषितहोताहै

(सी) निकल हाइड्रॉक्साइड अविभाजित रहता है

(डी) इसका ईएमएफ स्थिर रहता है

17. निरंतर-वर्तमान प्रणाली की तुलना में, लीड एसिड सेल चार्ज करने की निरंतर-वोल्टेज प्रणाली का लाभ होता है

(ए) चार्ज करने का समय कम करना

(बी) सेल क्षमता बढ़ाना

(सी) दोनों (ए) और (बी)

(डी) अत्यधिक गैसिंग से बचना

18. एक डेड स्टोरेज बैटरी को किसके द्वारा पुनर्जीवित किया जा सकता है?

(ए) आसुत जल जोड़ना

(6) तथाकथित बैटरी रिस्टोरर जोड़ना

(सी) H2SO4 . की एक खुराक

(डी) उपरोक्तमेंसेकोईनहीं

19. लेड-एसिड सेल की तुलना में, निकेल-आयरन सेल की दक्षता इसके कारण कम होती है

(ए) कॉम्पैक्टनेस

(बी) कम ईएमएफ

(सी) इलेक्ट्रोलाइट की छोटी मात्रा का इस्तेमाल किया

(डी) उच्चआंतरिकप्रतिरोध

20. स्टोरेज बैटरी की ट्रिकल चार्जिंग से मदद मिलती है

(ए) उचित इलेक्ट्रोलाइट स्तर बनाए रखें

(बी) अपनी आरक्षित क्षमता में वृद्धि

(सी) सल्फेशन को रोकें

(डी) इसेताजाऔरपूरीतरहचार्जरखें

21. कोशिका के वे पदार्थ जो रासायनिक संयोजन में सक्रिय भाग लेते हैं और इसलिए चार्जिंग या डिस्चार्जिंग के दौरान बिजली उत्पन्न करते हैं, _______ सामग्री के रूप में जाने जाते हैं।

(ए) निष्क्रिय

(बी) <u>सक्रिय</u>

(सी) अनावश्यक

(डी) जड़ता

22. एक लेड-एसिड सेल में तनु सल्फ्यूरिक एसिड (इलेक्ट्रोलाइट) में लगभग निम्नलिखित शामिल होते हैं:

(ए) एक भाग H2O, तीन भाग H2SO4

(बी) दो भाग H2O, दो भाग H2SO4

(c) <u>तीनभाग H2O, एकभाग H2SO4</u>

(डी) सभी एच2एस04

23. यह देखा गया है कि ड्यूरम चार्जिंग

(ए) वोल्टेज में वृद्धि हुई है

(बी) ऊर्जा सेल द्वारा अवशोषित होती है

(सी) H2SO4 का विशिष्ट गुरुत्व बढ़ जाता है

(डी) <u>उपरोक्तसभी</u>

24. यह देखा गया है कि निर्वहन के दौरान निम्नलिखित नहीं होता है

(ए) एनोड और कैथोड दोनों बन जाते हैं PbS04

(बी) H2SO4 का विशिष्ट गुरुत्व घटता है

(सी) सेल का वोल्टेज घटता है

(डी) <u>सेलऊर्जाकोअवशोषितकरताहै</u>

25. लेडएसिड सेल की एम्पीयर-घंटे दक्षता सामान्य रूप से के बीच होती है

(ए) 20 से 30%

(बी) 40 से 50%

(सी) 60 से 70%

(डी) <u>90 से 95%</u>

26. लेड-एसिड सेल की वाट-घंटे की दक्षता के बीच भिन्न होती है

(ए) 25 से 35%

(बी) 40 से 60%

(सी) <u>70 से 80%</u>

(डी) 90 से 95%

27. लेड-एसिड सेल की क्षमता को में मापा जाता है

(ए) एम्पीयर

(बी) <u>एम्पीयर-घंटे</u>

(सी) वाट

(डी) वाट-घंटे

28. लेड-एसिड सेल की क्षमता निर्भर करती है

(ए) निर्वहन की दर

(बी) तापमान

(सी) इलेक्ट्रोलाइट का घनत्व

(डी) उपरोक्तसभी

29. जब लेड-एसिड सेल पूरी तरह से चार्ज हो जाता है, तो इलेक्ट्रोलाइट ______ रूप धारण कर लेता है

(एक सुस्त

(बी) लाल

(सी) उज्ज्वल

(डी) दूधिया

30. एडिसन सेल का ईएमएफ, जब पूरी तरह से चार्ज होता है, लगभग होता है

(ए) 1.4 वी

(बी) 1 वी

(सी) 0.9 वी

(डी) 0.8 वी

31. क्षार सेल का आंतरिक प्रतिरोध लेड एसिड सेल के लगभग ______ गुना है।

(दो

(बी) तीन

(सी) चार

(डी) पांच

32. क्षार सेल के लिए औसत चार्जिंग वोल्टेज लगभग है

(ए) 1 वी

(बी) 1.2 वी

(सी) 1.7 वी

(डी) 2.1 वी

33. एडिसन सेल की औसतन एम्पियर-घंटे दक्षता लगभग है

(ए) 40%

(बी) 60%

(सी) 70%

(डी) 80%

34. सिल्वर-जिंक बैटरियों की धनात्मक प्लेटों का सक्रिय पदार्थ है

(ए) सिल्वरऑक्साइड

(बी) लीड ऑक्साइड

(सी) लीड

(डी) जिंक पाउडर

35. लेड-एसिड सेल में लगभग चार्ज और डिस्चार्ज का जीवन होता है

(ए) 500

(बी) 700

(सी) 1000

(डी) 1250

36. एडिसन कोशिका का जीवन कम से कम होता है

(ए) पांचसाल

(बी) सात साल

(सी) आठ साल

(डी) दस साल

37. लेड-एसिड सेल का आंतरिक प्रतिरोध एडिसन सेल का होता है

(ए) सेकम

(बी) से अधिक

(सी) बराबर

(डी) उपरोक्त में से कोई नहीं

38. एडिसन सेल में प्रयुक्त इलेक्ट्रोलाइट है

(ए) NaOH

(बी) कोह

(सी) एचसी 1

(डी) एचएन03

39. लेड-एसिड सेल में प्रयुक्त इलेक्ट्रोलाइट है

(ए) NaOH

(बी) केवलH2S04

(सी) केवल पानी

(डी) पतला H2SO4

40. एडिसन सेल की ऋणात्मक प्लेट बनी होती है

(ए) तांबा

(बी) लीड

(सी) लोहा

(डी) चांदी ऑक्साइड

41. किसी भी स्टोरेज सेल का ओपन सर्किट वोल्टेज पूरी तरह से निर्भर करता है

(ए) इसके रासायनिक घटक

(बी) इसके इलेक्ट्रोलाइट के बल पर

(सी) इसका तापमान

(डी) उपरोक्तसभी

42. विद्युत अपघट्य का विशिष्ट गुरुत्व किसके द्वारा मापा जाता है?

(ए) मैनोमीटर

(6) एक यांत्रिक गेज

(सी) हाइड्रोमीटर

(डी) साइकोमीटर

43. जब लेड-एसिड सेल के इलेक्ट्रोलाइट का विशिष्ट गुरुत्व 1.1 से 1.15 तक कम हो जाता है, तो सेल में होता है

(ए) चार्ज राज्य

(बी) छुट्टीदेदीराज्य

(सी) दोनों (ए) और (बी)

(डी) सक्रिय राज्य

44. _______ प्रणाली में चार्जिंग करंट को रुक-रुक कर या तो a . पर नियंत्रित किया जाता है

अधिकतम या न्यूनतम मूल्य

(ए) दोदरप्रभारनियंत्रण

(बी) ट्रिकल चार्ज

(सी) फ्लोटिंग चार्ज

(डी) एक बराबर चार्ज

45. ओवर चार्जिंग

(ए) अत्यधिक गैसिंग पैदा करता है

(बी) सक्रिय सामग्री को ढीला करता है

(ई) तापमान को बढ़ाता है जिसके परिणामस्वरूप प्लेटों की बकलिंग होती है

(डी) उपरोक्तसभी

46. अंडरचार्जिंग

(ए) इलेक्ट्रोलाइटकेविशिष्टगुरुत्वकोकमकरताहै

(बी) इलेक्ट्रोलाइट के विशिष्ट गुरुत्व को बढ़ाता है

(सी) अत्यधिक गैसिंग पैदा करता है

(डी) तापमान बढ़ाता है

47. आंतरिक शॉर्ट सर्किट किसके कारण होते हैं

(ए) एक या अधिक विभाजकों का टूटना

(बी) कोशिका के तल पर तलछट का अतिरिक्त संचय

(सी) <u>दोनों (ए) और (बी)</u>
(डी) उपरोक्त में से कोई नहीं
48. सल्फेशन का प्रभाव यह है कि आंतरिक प्रतिरोध
(ए) <u>बढ़ताहै</u>
(बी) घटता है
(सी) वही रहता है
(डी) उपरोक्त में से कोई नहीं
49. प्लेटों की सतह पर लेड सल्फेट का अत्यधिक निर्माण किसके कारण होता है?
(ए) बैटरी को लंबे समय तक डिस्चार्ज की स्थिति में खड़े रहने देना
(बी) इलेक्ट्रोलाइट के साथ टॉपिंग
(सी) लगातार अंडरचार्जिंग
(डी) <u>उपरोक्तसभी</u>
50. वे पदार्थ जो एक साथ मिलकर आवेश के दौरान विद्युत ऊर्जा को संचित करते हैं _______ पदार्थ कहलाते हैं
(ए) <u>सक्रिय</u>
(बी) निष्क्रिय
(सी) जड़ता
(डी) ढांकता हुआ
1. निम्नलिखित में से कौन ट्रांसफार्मर में नहीं बदलता है?
(एक लहर
(बी) वोल्टेज
(सी) <u>आवृत्ति</u>
(D। उपरोक्त सभी
2. एक ट्रांसफार्मर में ऊर्जा प्राथमिक से माध्यमिक तक पहुंचाई जाती है
(ए) कूलिंग कॉइल के माध्यम से
(बी) हवा के माध्यम से
(सी) <u>प्रवाहद्वारा</u>
(डी) उपरोक्त में से कोई नहीं
3. एक ट्रांसफॉर्मर कोर को लेमिनेट किया जाता है
(ए) हिस्टैरिसीस नुकसान को कम करें
(बी) <u>एड़ीकेमौजूदानुकसानकोकमकरें</u>
(सी) तांबे के नुकसान को कम करें
(डी) उपरोक्त सभी नुकसान को कम करें
4. एक ट्रांसफॉर्मर के लेमिनेशन द्वारा उत्पन्न यांत्रिक कंपन की डिग्री निर्भर करती है

(ए) क्लैंपिंग की जकड़न

(बी) टुकड़े टुकड़े का गेज

(सी) टुकड़े टुकड़े का आकार

(डी) उपरोक्तसभी

5. ट्रांसफार्मर द्वारा खींचा गया नो-लोड करंट आमतौर पर फुल लोड करंट का कितना प्रतिशत होता है?

(ए) 0.2 से 0.5 प्रतिशत

(बी) 2 से 5 प्रतिशत

(सी) 12 से 15 प्रतिशत

(डी) 20 से 30 प्रतिशत

6. एक ट्रांसफार्मर में चुंबकीय प्रवाह का पथ होना चाहिए

(ए) उच्च प्रतिरोध

(बी) उच्च अनिच्छा

(सी) कम प्रतिरोध

(डी) कमअनिच्छा

7. निर्धारित करने के लिए ट्रांसफार्मर पर नो-लोड किया जाता है

(ए) तांबे की हानि

(बी) चुंबकीय वर्तमान

(सी) वर्तमानऔरहानिकोचुंबकितकरना

(डी) ट्रांसफार्मर की दक्षता

8. ट्रांसफार्मर तेल की ढांकता हुआ ताकत होने की उम्मीद है

(ए) एलकेवी

(बी) 33 केवी

(सी) 100 केवी

(डी) 330 केवी

9. यह निर्धारित करने के लिए ट्रांस-फॉर्मर्स पर सम्पनर का परीक्षण किया जाता है

(ए) तापमान

(बी) आवारा नुकसान

(सी) पूरे दिन दक्षता

(डी) उपरोक्त में से कोई नहीं

10. कोल्ड रोल्ड अनाज उन्मुख स्टील के मामले में अनुमेय प्रवाह घनत्व लगभग है

(ए) 1.7 डब्ल्यूबी / एम 2

(बी) 2.7 डब्ल्यूबी / एम 2

(सी) 3.7 डब्ल्यूबी / एम 2

(डी) 4.7 डब्ल्यूबी / एम 2

11. एक ट्रांसफार्मर की दक्षता अधिकतम होगी जब

(ए) तांबे के नुकसान = हिस्टैरिसीस नुकसान

(बी) हिस्टैरिसीस नुकसान = एड़ी वर्तमान नुकसान

(सी) एड़ी वर्तमान नुकसान = तांबे के नुकसान

(डी) तांबेकीहानि = लोहेकीहानि

12. ट्रांसफार्मर में नो-लोड करंट

(ए) वोल्टेजकेपीछेलगभग 75 डिग्री . पीछेहै

(बी) वोल्टेज को लगभग 75 डिग्री सेल्सियस तक ले जाता है

(सी) वोल्टेज के पीछे लगभग 15 डिग्री . पीछे है

(डी) वोल्टेज क़ो लगभग 15 डिग्री सेल्सियस तक ले जाता है

13. एक ट्रांसफॉर्मर में आयरन कोर प्रदान करने का उद्देश्य है

(ए) वाइंडिंग को समर्थन प्रदान करें

(बी) हिस्टैरिसीस नुकसान को कम करें

(सी) चुंबकीयपथकीअनिच्छाकोकमकरें

(डी) एड़ी के मौजूदा नुकसान को कम करें

14. निम्नलिखित में से कौन ट्रांसफॉर्मर इंस्टॉलेशन का हिस्सा नहीं है?

(ए) संरक्षक

(बी) सांस

(सी) बुकहोल्ज़ रिले

(डी) एक्साइटर

15. एक ट्रांसफॉर्मर पर शॉर्ट-सर्किट परीक्षण करते समय निम्नलिखित पक्ष शॉर्ट सर्किट होता है

(ए) उच्च वोल्टेज पक्ष

(बी) कमवोल्टेजपक्ष

(सी) प्राथमिक पक्ष

(डी) माध्यमिक पक्ष

16. ट्रांसफॉर्मर में निम्नलिखित वाइंडिंग को अधिक क्रॉस-सेक्शनल क्षेत्र मिला है

(ए) कमवोल्टेजघुमावदार

(बी) उच्च वोल्टेज घुमावदार

(सी) प्राथमिक घुमावदार

(डी) माध्यमिक घुमावदार

17. एक ट्रांसफॉर्मर बदलता है

(ए) वोल्टेज

(बी) वर्तमान

(सी) शक्ति

(डी) आवृत्ति

18. एक ट्रांसफॉर्मर डीसी आपूर्ति के वोल्टेज को बढ़ा या कम नहीं कर सकता क्योंकि

(ए) डीसी वोल्टेज को बदलने की कोई जरूरत नहीं है

(बी) एक डीसी सर्किट में अधिक नुकसान होता है

(सी)
विद्युतचुम्बकीयप्रेरणकेफैराडेकेनियममान्यनहींहैंक्योंकिप्रवाहकेपरिवर्तनकीदरशून्यहै

(डी) उपरोक्त में से कोई नहीं

19. ट्रांसफार्मर की प्राथमिक वाइंडिंग

(ए) हमेशा एक कम वोल्टेज घुमावदार है

(बी) हमेशा एक उच्च वोल्टेज घुमावदार है

(सी) यातोकमवोल्टेजयाउच्चवोल्टेजघुमावदारहोसकताहै

(डी) उपरोक्त में से कोई नहीं

20. ट्रांसफॉर्मर में किस वाइंडिंग में फेरों की संख्या अधिक होती है ?

(ए) कम वोल्टेज घुमावदार

(बी) उच्चवोल्टेजघुमावदार

(सी) प्राथमिक घुमावदार

(डी) माध्यमिक घुमावदार

21. एक बिजली ट्रांसफार्मर की दक्षता के क्रम की है

(ए) 100 प्रतिशत

(बी) 98 प्रतिशत

(सी) 50 प्रतिशत

(डी) 25 प्रतिशत

22. दिए गए ट्रांसफॉर्मर में दिए गए लागू वोल्टेज के लिए, नुकसान जो लोड परिवर्तन के बावजूद स्थिर रहते हैं:

(ए) घर्षण और विंडेज नुकसान

(बी) तांबे के नुकसान

(सी) हिस्टैरिसीसऔरएडीवर्तमाननुकसान

(डी) उपरोक्त में से कोई नहीं

23. बिजली ट्रांसफार्मर को ठंडा करने की एक सामान्य विधि है

(ए) प्राकृतिक वायु शीतलन

(बी) एयर ब्लास्ट कूलिंग

(सी) तेलठंडा

(डी) उपरोक्त में से कोई भी

24. एक ट्रांसफॉर्मर में नो लोड करंट लागू वोल्टेज से लगभग के कोण से पिछड़ जाता है

(ए) 180 डिग्री

(बी) 120″

(सी) 90 डिग्री

(डी) 75 डिग्री

25. एक ट्रांसफार्मर में नियमित दक्षता निर्भर करती है

(ए) आपूर्ति आवृत्ति

(बी) लोड वर्तमान

(सी) लोड का पावर फैक्टर

(डी) दोनों (बी) और (सी)

26. ट्रांसफार्मर में एक संरक्षक का कार्य होता है

(ए) ट्रांसफार्मर को ठंडा करने के लिए ताजी हवा प्रदान करें

(बी) जरूरत के समय ट्रांसफार्मर को कूलिंग ऑयल की आपूर्ति करना

(सी) गर्महोनेकेकारणतेलखर्चहोनेपरट्रांसफार्मरकोनुकसानसेबचाताहै

(डी) उपरोक्त में से कोई नहीं

27. की रेटिंग तक के ट्रांसफार्मर के लिए प्राकृतिक तेल शीतलन का उपयोग किया जाता है

(ए) 3000 केवीए

(बी) 1000 केवीए

(सी) 500 केवीए

(डी) 250 केवीए

28. पावर ट्रांसफार्मर को अधिकतम दक्षता के लिए डिज़ाइन किया गया है

(ए) लगभगपूर्णभार

(बी) 70% पूर्ण भार

(सी) 50% पूर्ण भार

(डी) कोई भार नहीं

29. वितरण ट्रांसफार्मर की अधिकतम दक्षता है

(ए) बिना किसी भार के

(बी) 50% पूर्णभारपर

(सी) 80% पूर्ण भार पर

(डी) पूर्ण भार पर

30. ट्रांसफॉर्मर सांस लेता है जब

(ए) उस पर भार बढ़ता है

(बी) उसपरभारकमहोजाताहै
(सी) भार स्थिर रहता है
(डी) उपरोक्त में से कोई नहीं
31. एक ट्रांसफॉर्मर का नो-लोड करंट होता है
(ए) उच्च परिमाण और कम शक्ति कारक है
(बी) उच्च परिमाण और उच्च शक्ति कारक है
(सी) छोटे परिमाण और उच्च शक्ति कारक है
(डी) छोटेपरिमाणऔरकमशक्तिकारकहै
32. आसन्न कुंडलियों के बीच स्पेसर दिए गए हैं
(ए) शीतलनतेलकोमुक्तमार्गप्रदानकरनेकेलिए
(बी) कॉइल को एक दूसरे से इन्सुलेट करने के लिए
(सी) दोनों (ए) और (बी)
(डी) उपरोक्त में से कोई नहीं
33. माध्यमिक रिसाव प्रवाह अधिक से अधिक
(ए) माध्यमिकप्रेरितईएमएफकमहोगा
(बी) प्राथमिक प्रेरित ईएमएफ कम होगा
(सी) प्राथमिक टर्मिनल वोल्टेज कम होगा
(डी) उपरोक्त में से कोई नहीं
34. स्टेप-अप ट्रांसफार्मर में आयरन कोर प्रदान करने का उद्देश्य है
(ए) प्राथमिक और माध्यमिक के बीच युग्मन प्रदान करने के लिए
(बी) आपसी प्रवाह के परिमाण को बढ़ाने के लिए
(सी) मैग-नेटाइजिंगकरंटकेपरिमाणकोकमकरनेकेलिए
(डी) उपरोक्त सभी सुविधाएं प्रदान करने के लिए
35. बिजली ट्रांसफार्मर एक स्थिर है
(ए) वोल्टेज डिवाइस
(बी) वर्तमान डिवाइस
(सी) पावर डिवाइस
(डी) मुख्यप्रवाहडिवाइस
36. समानांतर में काम कर रहे दो ट्रांसफार्मर उनके के आधार पर भार साझा करेंगे
(ए) रिसाव प्रतिक्रिया
(बी) प्रतियूनिटप्रतिबाधा
(सी) दक्षता
(डी) रेटिंग

37. यदि R2 ट्रांसफार्मर की द्वितीयक वाइंडिंग का प्रतिरोध है और K परिवर्तन अनुपात है तो प्राथमिक को संदर्भित समकक्ष द्वितीयक प्रतिरोध होगा

(ए) आर 2 / वीके

(बी) आर2आईके2

(सी) आर 22! के 2

(डी) आर 22 / के

38. क्या होगा यदि समानांतर में काम कर रहे ट्रांसफॉर्मर ध्रुवीयता के संबंध में जुड़े नहीं हैं?

(ए) दो ट्रांसफॉर्मर्स का पावर फैक्टर सामान्य लोड के पावर फैक्टर से अलग होगा

(बी) गलतध्रुवताकेपरिणामस्वरूपमृतशॉर्टसर्किटहोगा

(सी) ट्रांसफार्मर अपनी केवीए रेटिंग के अनुपात में लोड साझा नहीं करेंगे

(डी) उपरोक्त में से कोई नहीं

39. यदि समानांतर में काम कर रहे दो ट्रांसफार्मर के प्रतिशत प्रतिबाधा अलग हैं, तो

(ए) ट्रांसफार्मर अधिक गरम हो जाएंगे

(बी) दोनों ट्रांसफार्मर के शक्ति कारक समान होंगे

(सी) समानांतर संचालन संभव नहीं होगा

(डी) समानांतरसंचालनअभीभीसंभवहोगा, लेकिनदोट्रांसफार्मरजिसशक्तिकारकपरकामकरतेहैं, वहसामान्यभारकेशक्तिकारकसेभिन्नहोगा

40. एक ट्रांसफार्मर में आम तौर पर टैपिंग प्रदान की जाती है

(ए) प्राथमिक पक्ष

(बी) माध्यमिक पक्ष

(सी) कमवोल्टेजपक्ष

(डी) उच्च वोल्टेज पक्ष

41. ट्रांसफॉर्मर डिजाइन में उच्च फ्लक्स घनत्व का उपयोग

(ए) प्रतिकेवीएवजनकमकरताहै

(6) लोहे के नुकसान को कम करता है

(सी) तांबे के नुकसान को कम करता है

(डी) भाग भार दक्षता बढ़ाता है

42. ट्रांसफॉर्मर के लिए ब्रीद में प्रयुक्त होने वाले रसायन का गुण होना चाहिए

(ए) आयनकारी हवा

(बी) नमीकोअवशोषित

(सी) ट्रांसफार्मर तेल की सफाई

(डी) ट्रांसफार्मर के तेल को ठंडा करना।

43. सांस लेने में प्रयुक्त होने वाला रसायन है

(ए) एस्बेस्टस फाइबर

(बी) सिलिका रेत

(सी) सोडियम क्लोराइड

(डी) सिलिकाजेल

45. ट्रांसफार्मर रेटिंग आमतौर पर के संदर्भ में व्यक्त की जाती है

(ए) वोल्ट

(बी) एम्पीयर

(सी) किलोवाट

(डी) केवीए

46. चुंबकीय बलों द्वारा सेट किए गए टुकड़े टुकड़े के कंपन से उत्पन्न शोर को कहा जाता है

(ए) मैग्नेटोस्ट्रिक्शन

(बी) बू

(सी) हम

(डी) ज़ूम

47. एक ट्रांसफॉर्मर में हिस्टैरिसीस हानि सीबीमैक्स = अधिकतम फ्लक्स घनत्व के रूप में भिन्न होती है)

(ए) बीमैक्स

(बी) बीमैक्स1-6

(सी) बीमैक्स1-83

(डी) बी मैक्स

48. ट्रांसफार्मर कोर के निर्माण के लिए प्रयुक्त सामग्री आमतौर पर होती है

(एक लकड़ी

(बी) तांबा

(सी) एल्यूमीनियम

(डी) सिलिकॉनस्टील

49. एक ट्रांसफॉर्मर में प्रयुक्त लेमिनेशन की मोटाई आमतौर पर होती है

(ए) 0.4 मिमीसे 0.5 मिमी

(बी) 4 मिमी से 5 मिमी

(सी) 14 मिमी से 15 मिमी

(डी) 25 मिमी से 40 मिमी

50. एक ट्रांसफार्मर में संरक्षक का कार्य है

(ए) 'आंतरिक दोष' के खिलाफ प्रोजेक्ट करने के लिए

(बी) तांबे के साथ-साथ मुख्य नुकसान को कम करने के लिए

(सी) ट्रांसफार्मर तेल को ठंडा करने के लिए

(डी)

<u>सर-राउंडिंगकेतापमानमेंबदलावकेकारणट्रांसफार्मरतेलकेविस्तारऔरसंकुचनकाख्यालरखना</u>

51. भारत में विद्युत शक्ति के संचारण के लिए उच्चतम वोल्टेज है

(ए) 33 केवी।

(6) 66 केवी

(सी) 132 केवी

(डी) <u>400 केवी</u>

52. एक ट्रांसफार्मर में प्राथमिक और द्वितीयक के बीच प्रतिरोध है

(ए) शून्य

(बी) 1 ओम

(सी) 1000 ओम

(डी) <u>अनंत</u>

53. एक ट्रांसफार्मर का तेल मुक्त होना चाहिए

(ए) कीचड़

(बी) गंध

(सी) गैसों

(डी) <u>नमी</u>

54. एक Buchholz रिले स्थापित किया जा सकता है

(ए) ऑटो-ट्रांसफॉर्मर

(बी) एयर कूल्ड ट्रांसफार्मर

(सी) वेल्डिंग ट्रांसफार्मर

(डी) <u>तेलठंडाट्रांसफार्मर</u>

55. आमतौर पर ट्रांसफॉर्मर तेल के पृथक्करण के कारण गैस मुक्त नहीं होती है जब तक कि तेल का तापमान अधिक न हो

(ए) 50 डिग्री सेल्सियस

(बी) 80 डिग्री सेल्सियस

(सी) 100 डिग्री सेल्सियस

(डी) <u>150 डिग्रीसेल्सियस</u>

56. एक ट्रांसफार्मर में हार्मोनिक्स उत्पन्न करने का मुख्य कारण हो सकता है

(ए) उतार-चढ़ाव लोड

(बी) खराब इन्सुलेशन

(सी) यांत्रिक कंपन

(डी) कोरकीसंतृप्ति

57. वितरण ट्रांसफार्मर आमतौर पर अधिकतम दक्षता के लिए डिज़ाइन किए जाते हैं

(ए) 90% लोड

(बी) शून्य भार

(सी) 25% भार

(डी) 50% भार

58. ट्रांसफार्मर कोर के लिए सामग्री में निम्नलिखित में से कौन सा गुण आवश्यक रूप से वांछनीय नहीं है?

(ए) यांत्रिक शक्ति

(6) कम हिस्टैरिसीस हानि

(सी) उच्चतापीयचालकता

(डी) उच्च पारगम्यता

59. स्टार/स्टार ट्रांसफार्मर संतोषजनक ढंग से काम करते हैं जब

(ए) भार केवल असंतुलित है

(बी) भारकेवलसंतुलितहै

(सी) संतुलित और असंतुलित भार पर

(डी) उपरोक्त में से कोई नहीं

60. डेल्टा/स्टार ट्रांसफॉर्मर संतोषजनक ढंग से काम करता है जब

(ए) भार केवल संतुलित है

(बी) भार केवल असंतुलित है

(सी) संतुलितऔरअसंतुलितभारपर

(डी) उपरोक्त में से कोई नहीं

61. बुखोल्ज़ का रिले के विरुद्ध चेतावनी और सुरक्षा देता है

(ए) ट्रांसफार्मरकेअंदरहीविद्युतदोष

(बी) आउटगोइंग फीडर में ट्रांसफार्मर के बाहर विद्युत दोष

(सी) बाहर और अंदर दोनों दोषों के लिए

(डी) उपरोक्त में से कोई नहीं

62. एक ट्रांसफॉर्मर का चुंबकीय प्रवाह आमतौर पर छोटा होता है क्योंकि इसमें है

(ए) छोटेहवाकाअंतर

(बी) बड़े रिसाव प्रवाह

(सी) टुकड़े टुकड़े में सिलिकॉन स्टील कोर

(डी) कम घूर्णन भागों

63. निम्नलिखित में से कौन एक साधारण ट्रांसफार्मर में नहीं बदलता है?

(ए) आवृत्ति

(बी) वोल्टेज

(सी) वर्तमान

(डी) उपरोक्त में से कोई भी

64. ट्रांसफार्मर कोर के लिए सामग्री के लिए निम्नलिखित में से कौन सा गुण आवश्यक रूप से वांछनीय नहीं है?

(ए) कम हिस्टैरिसीस नुकसान

(बी) उच्च पारगम्यता

(सी) उच्चतापीयचालकता

(डी) पर्याप्त यांत्रिक शक्ति

65. एक ट्रांसफॉर्मर में लीकेज फ्लक्स निर्भर करता है

(ए) लोडवर्तमान

(बी) वर्तमान और वोल्टेज लोड करें

(सी) वर्तमान, वोल्टेज और आवृत्ति लोड करें

(डी) लोड करंट, वोल्टेज, फ्रीक्वेंसी और पावर फैक्टर

66. ट्रांसफार्मर में चुंबकीय प्रवाह का पथ होना चाहिए

(ए) उच्च अनिच्छा

(बी) कमप्रतिक्रिया

(सी) उच्च प्रतिरोध

(डी) कम प्रतिरोध

67. एक ट्रांसफॉर्मर में ध्वनि स्तर का परीक्षण होता है

(ए) विशेष परीक्षण

(बी) नियमित परीक्षण

(सी) टाइपटेस्ट

(डी) उपरोक्त में से कोई नहीं

68. निम्नलिखित में से कौन ट्रांसफार्मर पर नियमित परीक्षण नहीं है?

(ए) कोर इन्सुलेशन वोल्टेज परीक्षण

(बी) प्रतिबाधा परीक्षण

(सी) रेडियोहस्तक्षेपपरीक्षण

(डी) ध्रुवीयता परीक्षण

69. एक ट्रांसफार्मर में शून्य वोल्टेज विनियमन हो सकता है

(ए) प्रमुखशक्तिकारक

(बी) लैगिंग पावर फैक्टर

(सी) एकता शक्ति कारक

(डी) शून्य शक्ति कारक

70. पेचदार कॉइल का इस्तेमाल किया जा सकता है

(ए) उच्चकेवीएट्रांसफार्मरकाकमवोल्टेजपक्ष

(बी) उच्च आवृत्ति ट्रांसफार्मर

(सी) छोटे क्षमता ट्रांसफार्मर के उच्च वोल्टेज पक्ष

(डी) उच्च केवीए रेटिंग ट्रांसफार्मर के उच्च वोल्टेज पक्ष

85] एक हीटर 240V स्रोत से कनेक्ट होने पर 8A की धारा खींचता है] ओम में हीटर तत्व का प्रतिरोध मान क्या है?

ए] 40

बी] 20

सी] 30

डी] 60

86] एक 80 ओम हीटिंग तत्व के साथ एक इलेक्ट्रिक सोल्डरिंग आयरन को 240V आउटलेट में प्लग किया जाता है] आयरन द्वारा कितनी धारा खींची जाएगी?

ए] 2ए

बी] 3ए

सी] 4ए

डी] 5ए

87] एक कार में अल्टरनेटर 4A बचाता है और इसके टर्मिनलों में 3 ओम का भार जुड़ा होता है] सर्किट का वोल्टेज ज्ञात करें

ए] 18वी

बी] 24V

सी] 12वी

डी] 16वी

88] 1K ओम, 2K ओम और 7K ओम के तीन प्रतिरोधक 30 V आपूर्ति के साथ श्रृंखला में जुड़े हुए हैं] यदि 2 K ओम और 7 K ओम प्रतिरोध खुले परिचालित हैं, तो 7K ओम रोकनेवाला से जुड़ा एक वोल्टमीटर इंगित करेगा ...

ए] 10 के ओम, 3ए

बी] 10 k ओम, 300mA

सी] 10 केओम, 3 एमए

डी] 5 के ओम, 6 एमए

89] एक वोल्टेज स्रोत 20 ओम प्रतिरोध में 40V की एक IR ड्रॉप, 30 ओम प्रतिरोध में 60V और 90 ओम प्रतिरोध में 180V सभी श्रृंखला में उत्पन्न करता है] लागू वोल्टेज कितना है?

ए] 180 वी

बी] 240 वी

सी] 100 वी

डी] 280 वी

90] तीन प्रतिरोधक 27 ओम, 47 ओम और 68 ओम समानांतर में जुड़े हुए हैं] ओटल प्रतिरोध क्या है?

ए] 27 ओमसेकम

बी] 68 ओम से अधिक

सी] 27 और 47 ओम के बीच

D] तीनों प्रतिरोधों का योग

91] एक मिलियन और एक मेगा ओम प्रतिरोधक हैं यदि दोनों को समानांतर में जोड़ा जाए, तो संयुक्त प्रतिरोध मान क्या होगा?

ए] 0.5 मेगाओम

बी] 0.5 मिली ओम

सी] 0.5 किलो ओम

डी] 0.5 ओम

92] समानांतर में 24 ओम और 8 ओम के प्रतिरोधों का एक संयुक्त प्रतिरोध प्राप्त होता है...

ए] 6 ओम

बी] 12 ओम

सी] 3 ओम

डी] 32 ओम

93] निम्नलिखित मानों के प्रतिरोधक समानांतर में जुड़े हुए हैं, 5 ओम, 5 किलो-ओम, 50 किलो-ओम, 5 मेगा ओम] उनका समकक्ष प्रतिरोध बहुत करीब होगा...

ए] 4.5 ओम

बी] 4500 ओम

सी] 45000 ओम

डी] 4,500,000 ओम

94] दिए गए तार का प्रतिरोध 2 ओम है] उसी सामग्री से बने दूसरे तार का प्रतिरोध लंबाई से दोगुना और अनुप्रस्थ काट के क्षेत्रफल से दोगुना है...

ए] 5 ओम

बी] 6 ओम

सी] 2 ओम

डी] 8 ओम

95] यदि किसी दी गई लंबाई के धातु के तार का क्षेत्रफल दोगुना है, तो उसका प्रतिरोध होगा...

ए] दोगुना हो

बी] <u>आधाहो</u>

सी] वही रहें

डी] चार गुना अधिक हो

96]। निम्नलिखित में से केवल एक को प्रतिरोध तार माना जाता है

ए] सोना

बी] चांदी

सी] <u>नाइक्रोम</u>

डी] तांबा

97] आर्क हीटिंग तब होता है जब विपरीत ध्रुवता के इलेक्ट्रोड के बीच की हवा बन जाती है।

ए] सिक्त

बी] सूखा

सी] <u>आयनित</u>

डी] उपरोक्त में से कोई नहीं

98] भट्टी का तापमान मापने के लिए प्रयुक्त मीटर है...

ए] हाइड्रोमीटर

बी] <u>पाइरोमीटर</u>

सी] हाइग्रोमीटर

डी] टैकोमीटर

99] इलेक्ट्रोलाइट के मामले में तापमान में वृद्धि का कारण बनता है ...

ए] <u>प्रतिरोधमेंकमी</u>

बी] प्रतिरोध में वृद्धि

सी] प्रतिरोध में कोई बदलाव नहीं

डी] उपरोक्त में से कोई नहीं

100] एक चालक में विकसित ऊष्मा किसके समानुपाती होती है...

ए] शक्ति का वर्ग

बी] प्रतिरोध का वर्ग

C] <u>धाराकावर्ग</u>

डी] समय का वर्ग

101] नीचे दिए गए चार धातु/मिश्र धातुओं में से, तापमान परिवर्तन के प्रतिरोध में लगभग कोई बदलाव नहीं आया है...

एक निकेल

बी] नाइक्रोम

सी] प्लेटिनम

डी] मैंगनीन

102] वह पदार्थ जो चुम्बक द्वारा थोड़ा प्रतिकर्षित किया जाता है, कहलाता है...

ए] चुंबकीय

बी] पैरामैग्नेटिक

सी] प्रतिचुंबकीय

डी] लौहचुंबकीय

103] वह पदार्थ जिसे बहुत ही कम चुम्बकित किया जा सकता है, कहलाता है...

ए] चुंबकीय

बी] पैरामैग्नेटिक

सी] प्रतिचुंबकीय

डी] लौहचुंबकीय

104] वे पदार्थ जिन्हें आसानी से चुम्बकित किया जा सकता है और बहुत मजबूत चुम्बक बना सकते हैं, कहलाते हैं...

ए] लौहचुंबकीय

बी] प्रतिचुंबकीय

सी] पैरामैग्नेटिक

डी] स्थायी चुंबकीय

105] एक पदार्थ जिसमें उच्च प्रतिधारण क्षमता होती है, का उपयोग किसके निर्माण के लिए किया जा सकता है...

ए] विद्युत चुम्बक

बी] स्थायीचुंबक

सी] अस्थायी चुंबक

डी] पैरामैग्नेट

106] एक पदार्थ जिसमें कम धारण क्षमता होती है, का उपयोग किसके निर्माण के लिए किया जा सकता है...

ए] विद्युतचुम्बक

बी] स्थायी चुंबक

सी] बार चुंबक

डी] पैरामैग्नेट

107] अधिष्ठापन का प्रतीक है...

ए] हो

बी] मैं
सी] ली
डी] एक्स
108] ट्यूब लैंप चोक इसका सबसे अच्छा उदाहरण है...
ए] खुला परिचालित
बी] शॉर्टसर्किट
सी] ग्राउंडेड
डी] तटस्थ रेखा से जुड़ा
109] एक ट्यूब लाइट सर्किट में चोक का प्रारंभिक कार्य है...
ए] प्रारंभिक धारा को सीमित करें
बी] उच्चवोल्टेजप्रेरित
सी] फिलामेंट को गर्म करें
डी] चालू करने के बाद वर्तमान को सीमित करें
110] ट्यूब लाइट सर्किट में चोक का दूसरा कार्य है...
ए] प्रारंभिक धारा को सीमित करें
बी] उच्च वोल्टेज प्रेरित
सी] फिलामेंट को गर्म करें
डी] चालूकरनेकेबादवर्तमानकोसीमितकरें
111] एक तरंग का आवर्त समय 2ms है] आवृत्ति की गणना करें
ए] 50 हर्ट्ज
बी] 5 हर्ट्ज
सी] 500HZ
डी] 5 किलोहर्ट्ज
112] 220 वोल्ट के प्रभावी मान के साथ साइन-वेव का शिखर आयाम कितना बड़ा है?
ए] 311 वी
बी] 380 वी
सी] 400 वी
डी] 440 वी
113] पीक-टू-पीक वोल्टेज 99V है] साइन वेव का प्रभावी मान कितना बड़ा है?
ए] 70 वी
बी] 44.5 वी
सी] 49.5 वी
डी] 35 वी

114] एक मूविंग कॉइल वाल्टमीटर 10 वी एसी पढ़ता है] प्रभावी वोल्टेज कितना बड़ा है?

एक उच्च

बी] निचला

सी] वही

डी] 10% अधिक

115] एक गतिमान लोहे का एमीटर 10 ए पढ़ता है] दोलन की चरम धारा कितनी बड़ी है?

ए] 7.07 ए

बी] 1.1414ए

सी] 70.7 ए

डी] 14.1 ए

116] 10 ओम के प्रतिरोध से 2 एम्पीयर की धारा प्रवाहित होती है] प्रतिरोध में बिखरी शक्ति बराबर होती है...

ए] 20 वाट

बी] 200 वाट

सी] 40 वाट

डी] 5 वाट

117] यदि वोल्टेज स्थिर रखते हुए आवृत्ति 50 एचजेड से 100 एचजेड में बदल जाती है, तो आपूर्ति से जुड़ी कॉइल की आगमनात्मक प्रतिक्रिया...

ए] वही रहता है

बी] आधा हो जाओ

C] दुगनाहोजाना

D] 4 गुना हो जाता है

118] समाई इससे प्रभावित नहीं होती...

ए] प्लेट क्षेत्र

बी] प्लेटों के बीच की दूरी

सी] द्वंद्वात्मक सामग्री

डी] आवृत्ति

119] संधारित्र की समाई प्रतिक्रिया भिन्न होती है...

ए] सीधे आवृत्ति के साथ

बी] आवृतिकेसाथविपरीत

सी] सीधे लागू वोल्टेज के साथ

डी] लागू वोल्टेज के विपरीत

120] एक संधारित्र ने 3 कूलम्ब आवेश प्राप्त किया जब उस पर 6 वोल्ट लगाए गए] इसकी समाई...

ए] 0.5 फैराड

बी] 3 फराद

सी] 3 फराद

डी] 18 फैराड

121] एक संधारित्र 200 वोल्ट एसी लाइन से जुड़ा है, इसकी न्यूनतम वोल्टेज रेटिंग होनी चाहिए...

ए] 100 वोल्ट

बी] 200 वोल्ट

सी] 300 वोल्ट

डी] 400 वोल्ट

122] एक ओममीटर के साथ संधारित्र का परीक्षण करते समय, मीटर कुछ प्रतिरोध को इंगित करता है] परीक्षण के तहत संधारित्र है...

ए] टपकाहुआ

बी] खुला

सी] अच्छा

डी] लघु

123] एक 80 माइक्रो फैराड संधारित्र के साथ श्रृंखला में जुड़े 40 माइक्रो फैराड संधारित्र की कुल धारिता है...

ए] 26.7 माइक्रोफैराड

बी] 40 माइक्रो फैराड

सी] 60.6 माइक्रो फैराड

डी] 120 माइक्रो फैराड

124] 3 माइक्रो फैराड कैपेसिटर के 1 माइक्रो फैराड कैपेसिटर प्राप्त करने के लिए हमें कनेक्ट करना होगा...

ए] सभी समानांतर में

बी] सभीश्रृंखलामें

सी] 2 श्रृंखला और समानांतर में एक

डी] उपरोक्त में से कोई नहीं

125] आर और सी वाले एसी श्रृंखला सर्किट में संधारित्र के माध्यम से बहने वाली धारा होगी...

ए] वोल्टेज को कम करना

बी] वोल्टेजअग्रणी

सी] वोल्टेज के साथ चरण में

डी] उपरोक्त में से कोई नहीं

126] यदि आरसी श्रृंखला सर्किट में आपूर्ति की आवृत्ति बढ़ा दी जाती है तो कैपेसिटिव रिएक्शन होगा

ए] क्रम

बी] वृद्धि हुई

सी] कोई प्रभाव नहीं होना

डी] उपरोक्त में से कोई नहीं

127] बिजली कंपनियां पावर फैक्टर में सुधार करने में रुचि रखती हैं

ए] लाइनकरंटकमकरें

बी] मोटर दक्षता में वृद्धि

C] वोल्ट-एम्पीयर बढ़ाएँ

डी] शक्ति में कमी

128] एक संधारित्र कनेक्ट होने पर एसी मोटर लोड के पावर फैक्टर मान को बढ़ाता है...

ए] मोटर के साथ श्रृंखला में

बी] स्टार्टर के साथ श्रृंखला में

सी] मोटरकेसमानांतर

डी] मुख्य घुमावदार के साथ श्रृंखला में

129] आम तौर पर, एक गरमागरम प्रकाश सर्किट का शक्ति कारक है ..

ए] 0

बी] 0.5

सी] 0.707

डी] 1.0

130] जब आरएलसी श्रृंखला सर्किट में करंट को निर्धारित करने के लिए अकेले प्रतिरोध का उपयोग किया जाता है, तो सर्किट होता है...

ए] एक आगमनात्मक सर्किट

बी] एक कैपेसिटिव सर्किट

सी] एक संयोजन सर्किट

डी] एकगुंजयमानसर्किट

131] आगमनात्मक प्रतिक्रिया का सीधा संबंध है..

ए] प्रतिरोध

बी] आवृत्ति

सी] समाई

डी] शक्ति

132] सिंक्रोनस मोटर जब पावर फैक्टर में सुधार के लिए इस्तेमाल किया जाना चाहिए...

ए] उत्साहित के तहत

बी] अतिउत्साहित

सी] भरी हुई

डी] बिना किसी भार के चल रहा है

133] एक RL समानांतर परिपथ में, कुल धारा के विरोध को कहा जाता है...

ए] प्रतिक्रिया

बी] प्रतिरोध

सी] एक वेक्टर योग

डी] प्रतिबाधा

134] एसी समानांतर आरएल सर्किट में, बिजली पर समाप्त हो जाती है

ए] प्रतिबाधा

बी] प्रतिरोध

सी] अधिष्ठापन

डी] समाई

135] कार्बन जिंक सेल का नाममात्र आउटपुट वोल्टेज कितना है?

ए] 12वी

बी] 1.5V

सी] 2.0 वी

डी] 2.2 वी

136] सेल श्रृंखला में जुड़े हुए हैं ..

ए] आउटपुटवोल्टेजबढ़ाएं

बी] आउटपुट वोल्टेज घटाता है

सी] आंतरिक प्रतिरोध कम करें

डी] वर्तमान क्षमता में वृद्धि

54137 कनेक्टेड इन

एक श्रृंखला

बी] समानांतर

सी] श्रृंखला-समानांतर

डी] समानांतर-श्रृंखला

138] एक सेल की क्षमता को में मापा जाता है

ए] वाट-घंटा

बी] वाट

सी] एम्पीयर

डी] एम्पीयर-घंटा

139] सबसे कम शेल्फ लाइफ वाली प्राथमिक सेल है

ए] कार्बन - जिंक

बी] क्षारीय

सी] पारा

डी] लिथियम

140] वह सेल जिसमें दिए गए वजन या आयतन के लिए बहुत अधिक ऊर्जा घनत्व होता है

ए] कार्बन-जिंक

बी] क्षारीय

सी] पारा

डी] लिथियम

141] एक 100-आह क्षमता की बैटरी को लगभग 8 ए का करंट देना चाहिए...

ए] 12 घंटे

बी] 8 घंटे

सी] 20 घंटे

डी] 100 एच

142] जब बैटरी को लंबे समय तक निष्क्रिय रखने की आवश्यकता होती है...

ए] बैटरी को ओवरचार्ज करें

बी] इलेक्ट्रोलाइट हटा दें

ग) प्लेटों को आसुत जल से साफ करें

डी] उन्हेंसुखाएंऔरबैटरीकोठंडीसूखीसाफजगहपरस्टोरकरें

143] निकेल आयरन सेल के सक्रिय पदार्थ हैं...

ए] निकल हाइड्रॉक्साइड

बी] चूर्ण लोहा और उसके ऑक्साइड

C] कास्टिक पोटाश का 21% घोल

डी] उपरोक्तसभीसामग्री

144] सेल की क्षमता को में मापा जाता है

ए] वाट घंटा

बी] वाट

सी] एम्पीयर

डी] एम्पीयर-घंटा

145] सेकेंडरी सेल को चार्ज करने के लिए इस्तेमाल किया जाने वाला सिस्टम है

ए] कम वोल्टेज एसी

बी] उच्च वोल्टेज एसी

सी] एसी

डी] डीसी

146] एक सामान्य औद्योगिक आपूर्ति प्रणाली में चरणों की संख्या कितनी होती है?

एक

बी] तीन

सी] चार

डी] दो

147] एक 3 फेज स्टार कनेक्टेड अल्टरनेटर में, कॉइल्स का फेज अंतर होता है...

ए] 120◦

बी] 240◦

सी] 60◦

डी] 360◦

148] डेल्टा कनेक्शन का उपयोग किया जाता है निम्नलिखित में से कोई नहीं

ए] ट्रांसमिशन लाइन ट्रांसफार्मर का प्राथमिक

बी] अल्टरनेटर वाइंडिंग

सी] वितरण ट्रांसफार्मर के माध्यमिक

डी] वितरणट्रांसफार्मरकाप्राथमिक

149] 3-फेज असंतुलित भार प्रणाली में शक्ति को मापने के लिए किस विधि का उपयोग किया जा सकता है?

ए] एक वाटमीटर विधि

बी] टोवाटमीटरविधि

सी] तीन वाटमीटर विधि

डी] तीन एमीटर विधि

150] तीन चरण, 3 तार प्रणाली में 3-हैज़ पावर को मापने के लिए दो वाटमीटर का उपयोग किया जा सकता है...

ए] संतुलित भार

बी] असंतुलित भार

सी] संतुलितऔरअसंतुलितभार

डी] संतुलित भार से बाहर

151] एक सिंगल वाटमीटर का उपयोग 3-चरण प्रणाली में शक्ति को मापने के लिए तभी किया जा सकता है जब भार हो..

ए] संतुलित

बी] असंतुलित

सी] संतुलित और असंतुलित भार

डी] निरंतर

152] एक संकेतक यंत्र में सूचक की गति उत्पन्न करने वाले बल को कहा जाता है...

ए] <u>विक्षेपणबल</u>

बी] नियंत्रण बल

सी] भिगोना बल

डी] विचलित करने वाला बल

153] एक स्थायी चुंबक गतिमान कुंडल यंत्र पढ़ेगा...

ए] केवल एसी मात्रा

बी] <u>केवलडीसीमात्रा</u>

सी] एसी और डीसी मात्रा दोनों

डी] स्पंदन मात्रा

154] गुरुत्वाकर्षण नियंत्रण का उपयोग करने वाला एक उपकरण सही ढंग से पढ़ेगा यदि इसका उपयोग किया जाता है ..

ए] <u>केवललंबवतस्थिति</u>

बी] केवल क्षैतिज स्थिति

सी] झुकाव स्थिति केवल

डी] कोई भी स्थिति

155] स्थायी चुंबक मूविंग कॉइल इंस्ट्रूमेंट में निम्नलिखित में से किस डंपिंग विधि का उपयोग किया जाता है?

ए] हवा भिगोना

बी] द्रव भिगोना

सी] वसंत भिगोना

डी] <u>एडीवर्तमानभिगोना</u>

156] मूविंग कॉइल इंस्ट्रूमेंट किसके प्रभाव पर काम करता है...

ए] रासायनिक प्रभाव

बी] ताप प्रभाव

सी] इलेक्ट्रोस्टैटिक प्रभाव

डी] <u>विद्युतचुम्बकीयप्रभाव</u>

157] विद्युत ऊर्जा मापने के लिए आपके घर में लगाया गया मीटर किसका उदाहरण है...

ए] संकेत प्रकार उपकरण

बी] रिकॉर्डिंग प्रकार उपकरण

सी] <u>संकेतकेसाथ-साथरिकॉर्डिंगप्रकारकेउपकरण</u>

डी] एकीकृत प्रकार के उपकरण

158]। स्थायी चुंबक के लिए निम्नलिखित में से कौन सी सामग्री पसंद की जाती है?

ए] <u>अलनिको</u>

बी] वाई-मिश्र धातु

सी] सिलिकॉन स्टील

डी] गढ़ा लोहा

159] जिस उपकरण को निरपेक्ष साधन के रूप में वर्गीकृत किया जा सकता है, वह है...

ए] मिली एमीटर

बी] माइक्रो एमीटर

सी] गैल्वेनोमीटर

डी] <u>स्पर्शरेखागैल्वेनोमेर</u>

160] गतिमान लोहे के उपकरण में आमतौर पर भिगोने की निम्नलिखित में से कौन सी विधि का उपयोग किया जाता है?

ए] <u>एयरडंपिंग</u>

बी] द्रव भिगोना

सी] एड़ी वर्तमान भिगोना

डी] चिपचिपापन भिगोना

161] एक गतिमान लोहे के उपकरण का विक्षेपक बलाघूर्ण सीधे आनुपातिक होता है ..

एक लहर

B] <u>धाराकावर्ग</u>

C] धारा का वर्गमूल

डी] वोल्टेज

162]निम्नलिखित में से किसका उपयोग सीधे माध्यम प्रतिरोध को मापने के लिए किया जाता है?

ए] एमीटर

बी] <u>मेगर</u>

सी] ओममीटर

डी] वाल्टमीटर

163] एक ओममीटर का उपयोग मापने के लिए किया जाता है...

ए] इन्सुलेशन प्रतिरोध

बी] <u>प्रतिरोध</u>

सी] वर्तमान

डी] संभावित अंतर

164] निम्नलिखित में से कौन सा घटक ओममीटर का हिस्सा नहीं है?

ए] निश्चित प्रतिरोधी

बी] परिवर्तनीय प्रतिरोधी

सी] संधारित्र

डी] बैटरी

165] शंट ओममीटर में, अधिकतम विक्षेपण दर्शाता है ..

ए] अधिकतमप्रतिरोध

बी] न्यूनतम प्रतिरोध

सी] मेगर में एक गलती

डी] इनमें से कोई नहीं

166]। एक अज्ञात डीसी वोल्टेज को मापा जाना है, आप पहले किस मापने की सीमा का चयन करेंगे?

ए] 500V

बी] 50V

सी] 1.5 वी

डी] 0.5V

167]। माइक्रो एम्पीयर रेटिंग की एक अज्ञात प्रत्यक्ष धारा को मापा जाना है, आप पहले किस माप सीमा का चयन करेंगे?

ए] 20 माइक्रो amp

बी] 15 माइक्रो amp

सी] 150 माइक्रो amp

डी] 500 माइक्रो amp

168] एक मल्टीमीटर माप नहीं सकता...

एक लहर

बी] संभावित अंतर

सी] सी क्षमता

डी] प्रतिरोध

169] डायनेमोमीटर प्रकार के मीटर का उपयोग मापने के लिए किया जाता है...

ए] केवल एसी मात्रा

बी] केवलडीसीमात्रा

सी] एसी और डीसी दोनों

डी] केवल एसी को स्पंदित करना

170] वाटमीटर में किस प्रभाव का प्रयोग किया जाता है?

ए] इलेक्ट्रोडायनामिकप्रभाव

बी] थर्मल प्रभाव

सी] रासायनिक प्रभाव

डी] इलेक्ट्रोस्टैटिक प्रभाव

171] नीचे सूचीबद्ध उपकरणों में से कौन एसी और डीसी दोनों में वाटमीटर के रूप में कुशलता से काम करता है?

ए] पीएमएमसी साधन

बी] डायनेमोमीटरउपकरण

सी] गर्म तार उपकरण

डी] एमआई उपकरण

172] इलेक्ट्रोडायनामिक प्रकार के उपकरण आमतौर पर माप के लिए उपयोग किए जाते हैं...

ए] वोल्टेज

बी] वर्तमान

सी] प्रतिरोध डी]

173] जब ऊर्जा मीटर के फेज और न्यूट्रल को आपस में बदल दिया जाता है, तो इसकी डिस्क...

ए] विपरीतदिशामेंघूमताहै

बी] सही दिशा में घूमता है

सी] रुक जाएगा

डी] धीरे-धीरे घूमता है

ई] उच्च गति से घूमता है

174] जब ऊर्जा मीटर की डिस्क बिना किसी लोड को जोड़े भी घूम रही हो, तो त्रुटि कहलाती है

ए] रेंगनेवालीत्रुटि

बी] चरण त्रुटि

सी] घर्षण त्रुटि

डी] तापमान त्रुटि

175] एसी सिंगल फेज एनर्जी मीटर की इकाई में ऊर्जा रिकॉर्ड करते हैं...

ए] किलोवाटघंटे

बी] हजारों डिस्क रोटेशन की संख्या

सी] वोल्ट एम्पीयर

डी] किलो वोल्ट एम्पीयर

176] एक मेगर प्रतिरोध को मापता है...

ए] ओहम्सो

बी] सैकड़ों ओम

सी] हजारों ओम

डी] लाखोंओम

177] एक मेगर को विशेष रूप से मापने के लिए डिज़ाइन किया गया है।

ए] बहुतउच्चप्रतिरोध

बी] बहुत कम प्रतिरोध

सी] बिजली लाइनों में जमीनी दोष

डी] डीसी मोटर्स पर अधिक भार

178] पाइप अर्थिंग के लिए स्टील पाइप के जस्ती लोहे के न्यूनतम आंतरिक व्यास की आवश्यकता है...

ए] 12.5 मिमी

बी] 16 मिमी

सी] 3.5 मिमी

डी] 4 एम

179] पृथ्वी कंडक्टर जमीन के लिए एक मार्ग प्रदान करता है ..

ए] लीकेजकरंट

बी] वर्तमान से अधिक

सी] उच्च वोल्टेज

डी] सर्किट वर्तमान

180] यदि सर्किट कॉपर कंडक्टर का आकार 10 वर्ग-मिमी है तो जीआई में पृथ्वी कंडक्टर का आकार] तार होना चाहिए...

ए] 1.5 वर्ग मिमी

बी] 2.5 वर्ग मिमी

सी] 5 वर्गमिमी

डी] 10 वर्ग मिमी

181] एक कैलोरी बराबर होती है,,,

ए] 4187 जूल

बी] 418.7 जूल

सी] 41.87 जूल

डी] 4.187 जूल

182] नंगे हीटिंग तत्व के साथ विद्युत स्टोव की ऑपरेटिंग तापमान सीमा है...

ए] 300◦ से 400◦C

बी] 500◦ से 600◦C

सी] 550◦ से 900◦C

डी] 1100◦ से 1300◦C

183] कौन सा उपकरण विद्युत धारा के ताप प्रभाव पर कार्य करता है?

ए] गरमागरम दीपक

बी] द्विधातु थर्मोस्टेट

सी] एचआरसी फ्यूज

डी] टोस्टर

184] 500◦C पर 1000 वाट, 230V हीटर के ताप तत्व के लिए नाइक्रोम तार का आकार क्या है?

ए] 18 एसडब्ल्यूजी

बी] 20 एसडब्ल्यूजी

सी] 24 एसडब्ल्यूजी

डी] 25 एसडब्ल्यूजी

185] हीटर बेस के लिए उपयोग की जाने वाली हीट प्रूफ इंसुलेटिंग सामग्री है...

ए] अभ्रक

बी] चीनीमिट्टीकेबरतन

सी] अभ्रक

डी] कांच ऊन

186]। एक स्वचालित बिजली के लोहे का तापमान विनियमन घटक है...

ए] हीटिंग तत्व

बी] थर्मोस्टेट

सी] एकमात्र प्लेट

डी] दबाव प्लेट

187]। ब्रेड टोस्टिंग क्षेत्र का तापमान लगभग...

ए] 400◦सी

बी] 800◦सी

सी] 260◦सी

डी] 975◦सी

188] यदि कोई वाइंडिंग मिक्सर मोटर के मेटल केस के साथ विद्युत संपर्क बनाती है तो वाइंडिंग...

ए] ग्राउंडेड

बी] खुला परिचालित

सी] शॉर्ट सर्किट

डी] ढीला जुड़ा हुआ

189] यदि रोटर का अंतिम शाफ्ट नीला हो जाता है, तो यह इस बात का संकेत है कि...

ए] स्कोरिंग
बी] ओवरहीटिंग
सी] ठंड
डी] बुरिंग
190] खाद्य मिक्सर में किस प्रकार की मोटर का उपयोग किया जाता है?
ए] डीसी शंट मोटर
बी] यूनिवर्सलमोटर
सी] कैपेसिटर स्टार्ट मोटर
डी] कैपेसिटर स्टार्ट और रन मोटर
191] अधिकांश मिक्सर में मोटर किस स्थिति में लगी होती है?
ए] लंबवत
बी] क्षैतिज
सी] झुका हुआ
डी] समानांतर

www.ingramcontent.com/pod-product-compliance
Ingram Content Group UK Ltd.
Pitfield, Milton Keynes, MK11 3LW, UK
UKHW021921190726
13853UKWH00002B/777

9 798888 158395